세상을 바꾸는 여성 엔지니어 18

| 여성 공학인이여, 가치를 증대하자 |

세상을 바꾸는 여성 엔지니어 18

여성 공학인이여, 가치를 증대하자

초판 1쇄 인쇄일 2023년 11월 2일
초판 1쇄 발행일 2023년 11월 10일

지은이 ㈜한국여성공학기술인협회
펴낸이 양옥매
디자인 표지혜 송다희

〈편집위원회〉
위원장 김 희 포스코 상무
위 원 나정은 연세대학교 교수
　　　　이영옥 한국전력기술 처장
　　　　김효정 부산대학교 교수
　　　　신외경 한국자동차연구원 부문장
　　　　이경자 인하대학교 교수
　　　　이지연 솔루텍스 코리아 지사장
　　　　황진경 (주)KT 부장
　　　　송지영 WiTeck 주임 연구원

펴낸곳 도서출판 책과나무
출판등록 제2012-000376
주소 서울특별시 마포구 방울내로 79 이노빌딩 302호
대표전화 02.372.1537　**팩스** 02.372.1538
이메일 booknamu2007@naver.com
홈페이지 www.booknamu.com
ISBN 979-11-6752-368-6 (03300)

세상을 바꾸는 여성 엔지니어 18

| 여성 공학인이여, 가치를 증대하자 |

(사)한국여성공학기술인협회 펴냄

책나무과무

We are all proud of you

최 순 자

협회 창립자, 전 인하대 총장

창립 19주년을 맞이하는 (사)한국여성공학기술인협회의 대표 사업의 하나인『세상을 바꾸는 여성 엔지니어(줄임말: 세·바·여)』18편, 부제 "여성 공학인이여, 가치를 증대하자" 출간을 축하합니다. 2004년 산업자원부의 여성공학기술인 육성 및 활용 정책의 일환으로 본 협회가 창립했고, (사)한국공학한림원 지원으로 첫『세·바·여』가 출간되었습니다. 그 후 오늘에 이르기까지『세·바·여』출간은 산업체, 연구소, 교육 및 공공기관 등에 근무하는 여성 공학인 발굴 및 활용을 극대화하는 데 기여하였습니다.

올해에도『세·바·여』18편에서 다양한 글을 써 주신 집필진 여러분께 심심한 감사드립니다. 아울러 여러분들의 경력에 큰 전환이 되는 계기가 되기 바랍니다. 아직도 양성평등이 기울어진 사회에서 경력 개발을 위해 또는 생존을 위해 전투적 노력을 기울이는 여성 공학인 후배들에게 실망은 하더라도 절망하지 말고 씩씩하게 전진하라는 격려의 메시지 "We are all proud of you"로 사랑을 보냅니다.

한국 사회 여성 공학인의
인생 보고서

최 영 미 5대 회장

(사)한국여성정보인협회 이사장

올해로 벌써 열여덟 번째를 맞는『세상을 바꾸는 여성 엔지니어 18』출간을 가장 기쁜 마음으로 축하드립니다.

10년 전 한국여성공학기술인협회는 창립 10주년을 맞이하여 2004년부터 2012년까지 발간된『세상을 바꾸는 여성 엔지니어』시리즈(1권~7권)의 요약본『여성 엔지니어, 세상의 빛이 되다』의 출간을 앞두고 그동안 159명의 다양한 공학기술 분야 집필자들의 원고를 읽으며 생생한 삶의 현장과 성장 과정을 살펴보는 것은 몹시도 흥분되는 경험이었습니다.

『세상을 바꾸는 여성 엔지니어』시리즈는 한국 사회에서 여성으로서, 엔지니어로서, 엄마로서 치열하게 살아온 인생 보고서입니다. 긴

박감 넘치는 현장의 울림과 감성을 깨우는 진실한 인생철학은 개인의 인생사가 아닌 대한민국 공학 발전사가 되었습니다. 앞으로도 여성 공학인의 생동감 있는 현장의 목소리와 삶의 진솔한 모습이 많은 청소년, 특히 공학에 관심을 가지고 앞으로 공학도를 꿈꾸는 학생들에게 좋은 본보기가 될 것입니다.

마지막으로 책을 출간하도록 지원을 아끼지 않은 산업통상자원부, 완성도 높은 책을 만들기 위해 애쓰신 집필진과 협회 관계자분들께 고마운 마음을 전합니다. 감사합니다.

세상을 바꾸는
여성 엔지니어의 희망

성미영
한국여성공학기술인협회 회장

『세상을 바꾸는 여성 엔지니어』(줄임말: 세·바·여)는 한국여성공학
기술인협회에서 여성 엔지니어들의 역동적인 이야기, 혁신적인 도전,
그리고 탁월한 성공을 기리고자 발간하는 도서입니다. 이 책은 협회
설립 당시인 2004년부터 시작하여 그동안 1권부터 17권까지 e-book
시리즈와 함께 발행되었고 올해로 창립 19주년을 맞아 『세·바·여』
18권을 출간하는 기쁨을 누리게 되었습니다.

이러한 기쁨은 협회를 세우시고 『세·바·여』를 창간해 주신 최순자
초대 회장님, 그리고 열정으로 협회를 발전시켜 주신 이영희 명예회장
님, 이효숙 명예회장님, 최영미 명예회장님, 송정희 명예회장님, 오
명숙 명예회장님, 정경희 명예회장님, 이재림 명예회장님 덕분이기에

감사의 말씀을 드립니다. 아울러 협회를 위해 귀한 시간과 노고를 쏟아 주시는 제10대 임원님, 무엇보다도『세·바·여』18권 출간을 위해 애써 주신 협회의 회원서비스위원회 위원님과 연구원님, 그리고 모든 집필진께 진심으로 감사하는 마음을 전합니다.

그동안 발간된 1권부터 이번의 18권까지에는 모두 384인의 여성 엔지니어들이 그들의 진솔한 경험과 열정적인 삶을 담아 주셨습니다.『세·바·여』18권은 산업 현장에서 활약하는 18인의 여성 엔지니어들의 역동적인 이야기들로 꾸려졌으며, 그들의 경험과 업적으로부터 많은 것을 배우고 또 새로운 시각과 영감을 얻고자 출간되었습니다.

2002년에 '여성과학기술인 육성 및 지원에 관한 법률'이 발효된 후 20년이 지났지만, 공학 분야의 성별 불균형은 여전히 남아 있습니다. 대학을 졸업하는 여학생 비율에 있어서 공학 계열은 23.4%로, 의학 계열 여학생 비율인 68.6%나 자연계열 여학생 비율인 52.2%에 비해 매우 낮습니다. 또한, 산업 현장에서의 여성 공학기술 인력 비율은 14% 남짓으로, 과학기술 분야의 여성 인력 비율인 21.8%에도 미치지 못하고 있습니다.

여성 엔지니어들은 오랜 세월 동안 남성 중심의 분야에서 자신의 능력과 재능을 발휘하기 위해 험난한 길을 걸어왔습니다. 그러나 지금은 그들이 주도하는 혁신적인 프로젝트와 창조적인 솔루션으로 산업 현장을 변화시키고 있습니다. 여성 엔지니어들은 생명공학, 화학공학, 재료공학, 건설건축공학, 기계공학, 자동차공학, 에너지공학, 컴퓨터공학, 전자공학, 우주항공공학 등 다양한 산업기술 분야에서 놀라운 성과를 이루어 내고 있습니다.

이 책『세상을 바꾸는 여성 엔지니어』는 여성 엔지니어들이 산업 현장을 어떻게 유연하게 변화시키고 있는지, 그들이 어떻게 빛나는 존재로서 자리매김하며 끊임없이 영향력을 미치고 있는지를 진솔하게 다룹니다. 여러분 모두가 이 책을 통해 폭넓고 다양한 시각과 아이디어를 발견하며 '세상을 바꾸는 여성 엔지니어'로서의 희망을 자극받고 발전시키기를 기대합니다.

우리는 지금 저출산, 고령화, 디지털 대전환의 시대를 살아가고 있습니다. 격변기이기에 고정관념과 편견의 장벽을 허무는 노력이 더욱 절실합니다. 이 도서가 우리 여성 엔지니어들이 언제 어느 곳에서든 자신의 능력을 마음껏 발휘할 수 있는 세상을 만들어 가는 데 도움이 되기를 바라봅니다.

감사합니다.

차례

선택

1장   지금의 내가 되기까지 용기가 필요했던 순간들

노력

2장   더 발전할 나를 위해 꾸준하고 묵묵하게

개척

3장 희망찬 걸음걸음이 모여 만든 결실

소통

4장 함께 성장하는 '같이'의 가치

선택

Choice

지금의 내가 되기까지
용기가 필요했던 순간들

더 나은 삶을 위한
선택의 여정

강수빈

온투 이노베이션 애플리케이션 시스템 엔지니어

인하대학교에서 신소재공학 학사 및 석사 학위를 취득하였고, 케이블 회사 기술연구소에서 연구원으로 2년 10개월, 기술 컨설팅 회사에서 컨설턴트로 1년간 근무하였다. 이후 포틀랜드 주립대학교에서 기계공학 두 번째 석사 학위를 받았다. 현재 반도체 계측장비 제조업체에서 애플리케이션 엔지니어로 재직 중이다.

지난날에 대한 회고

생각해 보면 지난날들은 약간의 노력이 가미된 채로 나의 선택과 함께 자연스럽게 흘러갔다. 고등학교 때는 수학이 좋아서 이과를 선택했고, 공대를 가는 것이 나을 것 같아서 신소재공학부에 입학했다. 대학교를 다니면서도 더 나은 학교가 가고 싶어서 몇 번의 편입 시험과 약대 입문 자격 시험도 쳤었다. 다시 복학한 이후에는 전공과 관련된 여러 기업들에 취업 준비를 함과 동시에 학부 연구생으로 대학원 연구실을 다녔었다.

동대학 석사를 진학하여 졸업하였고, 중견기업 기술 연구소에 입사해서 회사 생활을 3년 가까이 하다가 본가 근처의 중소기업 기술 컨설팅 회사로 이직하여 1년 더 회사를 다녔다. 회사를 다니면서 다른 나라에서 살아 보고 싶은 생각이 들어서 미국 대학으로 석사 유학을 왔다. 석사 과정이 끝난 후에는 전공과 관련된 직장을 구해서 현재 재직 중이다.

더 나은 삶을 갖기 위한 노력과 의지, 그리고 기회가 조합된 나의 이력이다. 나를 움직이는 것은 항상 하나의 작은 계기, 그리고 선택이었다. 다른 학교를 다녀 보고 싶다는 생각이 들어서 편입 공부를 했고, 돈을 벌고 싶어서 회사를 다녔다. 그리고 다른 나라에서 살아 보고 싶어서 미국 유학을 왔고, 살다 보니 영어를 더 잘하고 싶어서 현지에서 취업을 하게 되었다.

그냥 어쩌다 보니 이렇게 됐습니다

내가 하고 싶은 게 무엇일까, 내 꿈이 무엇인가에 대한 고민을 누구나 하게 된다. 이러한 고민이 어려운 이유는 '꿈'이 너무 모호한 단어이기 때문이다. 어디에 초점을 둘 것인가에 따라 꿈과 목표가 달라지게 된다. 나 같은 경우는 공부에 많은 뜻을 두지 않았다! 전공 공부가 재미있고 흥미 있었다면 아주 좋았겠지만, 대학교 학위가 필요했기 때문에 열심히 학교를 다니고 공부를 했을 뿐이었다. 오히려 나는 내 개인 생활을 하기 위한 돈을 벌기 위해 직장이 필요하다고 생각했다.

하지만 졸업하고 적당한 직장을 얻은 뒤에 깨달은 것은, 재미를 느끼지 못하니 쉽게 질려 버린다는 것이었다(생각보다 회사에서 보내는 시간이 많았다!). 그래서 잠시 벗어나고 싶은 생각이 들었을 때, 기회가 생겨 미국으로 유학을 가게 되었다. 당시 다니던 기술 컨설팅 회사는 10시간 12시간 근무가 매우 당연했던 혹독한 근무 조건이었는데, 틈틈이 영어 학원을 다니며 토플 점수를 만들었다.

어찌 보면 늦었다고 생각할 수도 있는 나이였기 때문에 약간의 불안감이 있었지만, 언제나 그랬듯이 장기 계획을 세운다 할지언정 계획대로 진행되지는 않을 것이라는 생각으로 단기 계획(그 당시에는 일단 미국을 가서 석사 프로그램을 들어 보고 괜찮으면 이미 석사 학위가 있으니 박사 과정으로 바꾸겠다는 아주 뭉뚱그린 계획이었다)과 함께 직장을 그만두고 미국으로 왔다.

포틀랜드 주립대학교는 내가 학부를 졸업한 재료과가 기계과와 같이 기계재료공학과로 있어서 기계공학 코스를 선택하여 수업을 섞어서 들을 수 있었기 때문에 선택하였다.

미국의 오리건주 워싱턴 카운티에는 소위 실리콘 포레스트(Silicon Forest)라고 부르는 첨단 기업 클러스터가 조성되어 있다. 그래서 바로 옆 카운티에 있는 우리 학교의 대학원 과정에는 관련 기업에 재직하고 있는 학생들이 많이 있었고, 또 관련 학과의 학생들도 졸업 후 취업 기회가 있었다. 졸업 후, 다시 한국으로 돌아가기에는 미국에서 일할 수 있는 기회가 아깝다는 생각이 들어서 미국 회사에 취업하겠다는 계획을 세웠다. 대략 130개의 이력서를 넣었고, 반도체 계측장비 제조업체에 취업을 하게 되어 현재 애플리케이션 엔지니어로 일하고 있다.

중요한 건 꺾이지 않는 마음

유학생으로 다 커서 미국에 도착하게 되면, 크게 세 번 언어로 인한 한계를 느끼는 순간이 온다. 그 첫 번째는 일상 대화이다. 카페, 식당을 가거나 서류 처리를 하면서, 스몰 토크를 할 때, 귀가 멍해지며 사람들의 말이 뭉쳐져서 귀를 치는데 도저히 들리지 않는다. 게다가 말을 할 때는 큰 덩어리가 가슴에 뭉쳐져서 소리로 나오는 것을 막는 듯한, 머리로 말할 내용이 자연스럽게 나오지 않아 딜레이가 포함된, 스타카토 형식의 영어를 하게 되며 마음이 안 좋아진다.

두 번째로 수업을 들을 때, 한국어로 배워 왔던 용어들이 영어로 바뀌면서 도저히 매치가 되지 않고, 공학 용어들이 낯설게 느껴지며 강의 내용뿐만 아니라 연결어들까지 공부해야 하는 상황이 닥치게 된다.

다행히 이 두 가지 역경은 차차 시간이 지나면서 적응이 되고 특히나 일상 대화는 더 빠르게 적응이 된다.

이렇게 영어에 대한 두려움을 잊고 살다가… 드디어 일을 시작하게 되면 세 번째 한계 상황을 마주하게 된다. 미국에 갓 도착하여 느꼈던 어지러움을 다시 느끼기 시작하게 되는 것이다. 코로나로 인해 얼굴을 마주 보지 않고 하는 온라인 미팅이 주를 이루었기 때문에, 매일 귀를 기울여도 잘 들리지 않았다. 그뿐만 아니라 반도체 용어들과 그 많은 줄임말들! 입을 떼기까지 식은땀이 나면서 매우 총체적인 난관이었다.

이게 되려나 하는 생각도 많이 들었었다. 하지만 모든 것들이 그렇듯이 고군분투하며 여러 당황스러운 상황들과 역경을 거치며 차차 나아지고 있다. 영어를 더 잘하고 싶은 열망은 이러한 상황들을 배움의 기회로 여기며 즐길 수 있는 상태로 나를 인도해 주었다. 물론 마음을 다스리는 시간도 함께 필요하지만 말이다.

애플리케이션 엔지니어로서의 내 역할은 장비가 제 역할을 할 수 있도록 여러 관점에서 데이터를 분석하여 최적화하는 것이다. 문제가 생겼을 경우, 원인을 파악하여 해결 방법(Plan of Action)을 제공하는 중간 다리 역할을 하고 있다. 그리고 문제가 발생하지 않도록 장비의 사양들이 적절한지 매주 현 상태의 데이터를 분석하고, 모니터링 데이터를 추적하고 있다. 이 일에서 가장 중요한 건 전반적인 흐름을 아는 것, 그리고 여러 각도에서 바라볼 수 있는 능력이다. 그러기 위해서는 장비에 대한 이해가 매우 중요하다.

반도체 계측장비란 반도체 칩 패턴, 두께 등을 공정별로 정확하게 측정하여 모니터링하는 역할을 하는 장비로서 그중 나는 광학 계측 시스템 장비를 담당하고 있다. 반도체 칩, 공정 장비 회사들은 일상에서 접할 수 있는 애플리케이션이 아니고, 각 회사들이 세분화된 특정 역할을 하는 경우가 많기 때문에 직장을 구할 때 무슨 일을 하는지 감이 잡히지 않는 경우가 많다.

Be cherry pickers for yourselves

선택은 항상 고민된다. 확신을 가지기란 참 힘들다. 하지만 나의 진로 선택은 나만 알면 된다. 남의 논리에 맞출 필요도 없고, 설명할 필요도 없다. 최대한 마음을 열고, 하고 싶은 일이 있다면 또는 살고 싶은 삶이 있다면 거기에 내가 무리하지 않을 정도로, 무리하고 싶으면 무리해서 해 보면 된다.

물론 일을 하다 보면 생각한 것과 다른 경우도 많이 발생한다. 근데 그냥 할 만하면 하면 된다! 일이나 직장은 얼마든지 바꿀 수 있으니까. 바꿀 수 있는 것에 대해 너무 걱정하고 힘들어하지 않았으면 좋겠다.

그리고 바꿀 수 없는 것에 대해서도 미리 겁먹을 필요가 없다. 여성이라는 생물학적 성별은 바꿀 수 없다. 모든 사람들이 거기에 얽매이지 않고 자신의 선택을 과감하게 했으면 좋겠다. 어찌 되었든 나의 모든 선택은 나를 위한 거니까 진로를 결정함에 있어서 최대한 이기적으로 할 것을 추천한다.

지금의 나를 있게 해 준
선택들

구현희

싱크테크노 대표이사

전남대학교 컴퓨터공학과를 졸업하고 서울대학교 대학원 전기 · 컴퓨터공학부에서 석사 학위를 취득한 후, 2002년부터 10년간 LG전자에서, 2012년부터 약 3년간 삼성전자에서 근무하였다. 2003년부터 이동통신 분야 국제표준기구에서 활동하며 국제표준화 전문가로 성장하였고, 2019년부터 3GPP국제표준기구를 대표하여 3GPP와 국제항로표지협회(IALA) 간 표준개발 국제협력을 담당하고 있으며, 2023년부터 아태지역 전기통신협의체(APT) 무선그룹(AWG)의 공공안전 분과(TG PPDR) 의장을 맡고 있다. 현재 ㈜싱크테크노 대표이사로 재직 중이며 여성 후배 양성에 많은 관심을 가지고 있다.

온실 속 화초가 야생 들꽃이 되는 선택

나는 학교를 졸업한 직후 13년 동안 국내 대기업인 회사가 제공하는 틀 안에서 지내 왔다. 13년이라는 시간 동안 국내 대기업 직장 문화도 점점 국제화 및 개방화되면서 어려움 없이 회사가 안전하게 펼쳐 놓은 온실 속에서 화초처럼 자랐다는 생각이 들었다. 새로운 일들도 도전적으로 경험해 보고 싶은 성향이 있는 나는 주어진 일만 해야 하는 대기업을 그만두고 중국으로 MBA 유학을 가기로 결심했다.

안정적으로 회사 생활을 할 수 있는 대기업을 그만둔다고 했을 때 집안에서 당연히 반대를 했고, 회사 경영 경험이 전무한 사람이 MBA 유학을 가면 배우는 것이 제한적이라는 주변의 권유에 스타트업 실전 경험을 쌓고 유학을 가자고 내 인생의 방향을 틀었다. 대학원을 졸업하고 대기업에서 했던 업무도 연구개발이었기 때문에 회사 운영에 필요한 경험은 전무하였다.

특히 예산 운용 관리에 대한 지식은 꽝이어서 맨땅에 헤딩하며 많은 것들을 처음부터 시작해야 했다. 2016년 국가 R&D사업을 처음으로 제안하여 선정되었는데, 예산에 대한 무지로 연 3억 사업을 연 1억 사업으로 잘못 이해하여 비싼 수업료를 내고 사업 예산에 대해 배웠다고 할 수 있다. 당시 사업 선정된 직후 예산 편성을 수정하여야 했는데, 아무리 정부 법규를 읽어 봐도 어떻게 수정해야 하는지 이해하는 데 한계가 있었다. 그래서 국가 R&D사업을 담당하는 간사님에게 한 시간 동안 예산 편성에 대하여 속성 과외를 요청드린 덕분에 무사히 수정안을 제출할 수 있었다.

지금 생각해 보면 사업이 선정되었는데 업체 대표가 예산 편성 수정을 못하겠다고 한 시간만 과외를 해 달라는 부탁을 받았을 때, 담당 간사님도 황당했을 듯싶다. 흔쾌히 나의 부탁을 들어주시고 처음으로 국가 R&D사업 예산은 이렇게 구성하고 사용해야 하는 것임을 배운 기회를 주신 당시 담당 간사님께 감사드린다.

잘하는 것과 하고 싶은 것 사이에서 선택

어릴 때는 커서 무엇이 되고 싶다는 꿈들이 있다. 나도 어릴 때 경찰관도 되고 싶었고, 비행기 승무원도 되고 싶었고, 외교관도 되고 싶었다. 지금 생각해 보면 유니폼을 입고 해외 업무도 하는 직종에 관심이 있었던 듯하다. 중학교와 고등학교를 가면서 키는 내 맘만큼 자라 주질 않았고, 나의 두뇌가 인문 계열보다는 자연 계열에 더 특화되어 있다는 것을 알았다. 외교관이 되려면 인문계열로 진학을 해야 했지만 잘하는 것과 하고 싶은 것의 사이에서 나는 내가 잘하는 것을 선택했고, 공대를 졸업하여 현재까지도 이동통신 분야에 종사하고 있다.

하고 싶은 꿈을 향해 나아가는 것은 사람에게는 끊임없이 열정을 갖고 노력할 수 있게 하는 원동력이라 생각한다. 어릴 때부터 갖고 있었던 그러한 꿈을 내가 종사하는 일을 통해서도 이룰 수는 없는지를 생각하던 중 대학원을 다닐 때 국제표준화라는 업무를 알게 되었다. 당시 LG전자 산학장학생이었는데, LG전자에서 학교 졸업생들과 식사하는 자리를 마련해 주어 회사 생활 및 업무 등에 대해 듣는 기회가 있었다. 그중 한 분이 3GPP 국제표준화라는 업무를 하고 있었는데, 국제표준화라는 업무가 회사를 대표하여 국제회의에서 글로벌 기관들의 대표들과 논쟁을 통해 여러 합의를 도출하며 국제적 표준기술을 개발하는 것이어서, 일종의 이공계 분야에서의 외교관과 같은 업무라 할 수 있다.

대학원을 졸업하고 바로 LG전자에 입사했을 때 하고 싶은 업무의 1순위·2순위·3순위를 적도록 되어 있었는데, 그때 나는 1순위·2순위·3순위 모두 '3GPP 국제표준화 업무'라고 적었었다. 하지만 첫 발령을 받았던 곳은 선행연구를 하는 부서여서 '왜 이 부서로 나를 보냈지?' 하며 한 달만 겪어 보자는 마음으로 회사 생활을 시작하게 되었다.

이미 하고 싶은 업무 분야가 있었던 나는 한 달 지나서 부서장님에게 나를 국제표준화 업무를 하는 부서로 보내 달라고 요청드렸다. 부서장님은 나와 2주 간격으로 면담하며 나를 설득하려고 하셨고, 나도 나름 내가 왜 그 부서에 가야 하는지에 대해 부서장님을 설득하려고 노력했다.

면담을 시작한 지 두 달이 지나서 부서장님이 허락해 주셔서 나는 그토록 원했던 3GPP 국제표준화 업무를 하는 연구소로 이동할 수 있었다. 당시 한국의 기업 문화는 신입사원이 부서 발령을 받은 지 한 달 밖에 안 돼서 다른 곳으로 보내 달라는 요청을 할 수 없는 분위기였기 때문에, 입사 동기들이 나에게 성이 구씨여서 가능한 일이었다며 농담을 하곤 했다. 당시의 기업 문화에도 불구하고 나와 두 달간 면담을 하면서 나의 진심을 봐주시고 타 연구소로 보내는 결정을 해 주신 부서장님에게 감사했다. 그때 부서장님이 허락해 주지 않아서 내가 3GPP 국제표준화 업무를 시작하지 않았다면, 과연 지금의 내가 있을 수 있을까를 생각해 본다.

한 회사에서 장기근속이냐 타 회사로 이직이냐

대학원을 졸업하고 회사에 입사한 지 얼마 되지 않아 같이 입사했던 동기들 중 일부가 다른 회사로 이직을 하기 시작했다. 학생 때는 회사에 입사하면 평생직장으로 생각하고 이직이라는 것을 생각해 본 적이 없었다. 당시 몇몇 벤처들이 성공신화라 여겨지면서 대기업보다 높은 연봉을 주었다. 지금 생각해 보면 내가 하고 싶었던 3GPP 국제표준화 업무를 하고 있지 않았다면 나도 입사 동기들과 유사한 결정을 했었을 것 같다.

3GPP 국제표준회의에서 나와 친했던 스웨덴분은 70세가 넘으셨는데, 그분은 나에게 어떤 일을 하든 최소한 10년은 해야 전문가라고 말할 수 있다고 이야기해 주었다. 30대 초반이었던 나에게 한 회사에 10년이라는 기간은 길다면 긴 기간인데, 그분의 말씀이 내 맘속에 새겨졌는지 회사 일을 하면서 그만두고 싶은 일들이 있을 때마다 나를 다독이며 계속 회사에서 일하게 만들었다.

LG전자 연구소에서 국제표준화 업무를 7년 정도 하고 새로운 경험을 해 보고 싶어서 본사 상품기획팀으로 옮겼다. 처음에는 기술전략도 같이하였기 때문에 신기술의 동향을 계속 파악하는 차원에서 3GPP 국제표준화 업무도 병행했지만, 연구소보다는 사업에 직결되는 일이 많은 곳이기에 3GPP 국제표준화 업무는 더 이상 할 수 없었다. 당시 회사의 핸드폰 사업 실적이 좋지 않아 회사 차원에서도 정리해고가 필요하였고 주변의 많은 동료들이 이직을 한 상황에서 나도 10년의 근속을 채우고 첫 직장을 그만두고 다른 회사로 이직하여 다시 표준 업무를 시작했다.

학교를 졸업하고 회사에 취업하면 고민 끝일 것 같았던 학창 시절의 생각과는 달리, 회사에 취업하여 사회생활을 하면서 전혀 예상하지 못한 고민들 속에 이직에 대한 갈등도 몇 번씩 찾아온다. 몇몇 동기들처럼 더 높은 연봉을 주는 회사를 찾아 이직을 했다면 과연 지금의 나의 모습은 있겠는가라는 생각을 해 본다. 하고 싶었던 국제표준화 업무를 선택했고, 전문가라는 말을 할 수 있도록 10년이라는 시간을 채우는 선택을 했고, 그러한 선택 속에서 꾸준히 전문성을 갖추기 위해 업무에 전념했던 젊은 날의 선택이 있었기에 지금의 나의 모습이 있는 것이라 생각한다.

나를 이끌어 주는 분들

내가 지금 이 자리에 서기까지 나의 인생길의 방향을 잘 잡아 주시고 이정표를 만들 수 있게 이끌어 주셨던 분들이 있다. 고등학교 1학년 때 아버지가 회사를 그만두셔서 집안이 경제적으로 여유가 없어졌다. 고등학교 담임 선생님이 그걸 아시지는 않았을 텐데 나에게 장학금을 받을 기회에 추천해 주셔서 장학금을 받고 학교를 다니게 되었다.

대학 때는 학업에 전념해서 4년 동안 장학금을 받고 다녔지만, 학업에 전념하느라 아르바이트를 하지 않아서 용돈이 충분하지는 않았다. 대학교 3학년 때부터 대학원생들과 함께 연구실에 있었는데, 교수님께서 학부생인데도 매달 용돈도 주시고 여러 가지 조언과 함께 연구 지도를 해 주셨다. 대학원을 타 대학으로 가지 않고 동대학으로 갈까 고민할 때도 교수님께서 "타 대학 대학원 떨어지면 나도 안 받아 줄 거다!"라고 하시며 계속 열심히 하라고 격려해 주셔서 포기하지 않고 준비한 결과 서울대로 대학원을 진학할 수 있었다. 나를 지지해 주시는 교수님을 떠나 서울 와서 맘고생도 했지만 그러한 힘듦이 있었기에 지금의 내가 있을 수 있었다고 생각한다.

3GPP 국제표준화 업무를 맡게 되었을 때 당시 한국의 대부분 이동통신 분야 표준전문가들은 3세대 통신인 UMTS 표준개발을 하고 있었다. 하지만 나는 2세대 통신인 GSM/GPRS/EDGE 표준개발을 하는 국제표준화 업무를 맡았다. 당시 나는 고민이 되었다. 내가 하고 싶은 국제표준화 업무를 하게 되었는데, 업무가 한창 뜨는 기술인 3세대 통신기술이 아닌 한국에서는 이미 지고 있다 여겨졌던 2세대 통신기술을 다루는 표준화 업무였기 때문이다.

20대 후반인 내가 이 산업 전반을 바라볼 수 있는 통찰력이 있을 리는 만무했고, 국제표준회의를 몇 번 참석하며 알게 된 유럽 사업자를 대표해서 참석하고 있는 외국분에게 고민 상담을 했다. 한국은 2세대 통신 관련 업무는 이미 지는 해로 여기기 때문에, 이 업무를 계속해야 할지 아니면 이직을 해야 할지에 대해서 진지하게 의견을 물었다. 당시 그분이 2세대 통신기술이긴 하지만 향후 10년 동안 더 표준기술 개발할 것들이 있을 테니 이 업무를 계속하라고 격려해 주셨다. 당시 한국분들의 의견만 들었다면 나는 내가 하고자 했던 국제표준화 업무를 맡은 지 2년도 안 되어서 회사를 그만두든지 업무를 전환하는 선택을 했을 것이고, 그랬다면 지금의 나는 없었을 것이다.

2016년부터 스타트업 대표를 맡으면서 맨땅에 헤딩하며 7년 이상 싱크테크노를 이렇게 성장시킨 것은 절대 나 혼자서는 할 수 없는 일이다. 경주마가 양 눈을 가리고 앞만 보고 달리듯이 국내 대기업인 회사에서 온실 속 화초처럼 보호받으며 본인이 맡은 업무에만 전념하고 다른 일들에는 관심이 없었던 내가 스타트업 대표가 된다고 갑자기 회사 경영에 필요한 모든 지혜와 지식을 갖추게 되는 것은 아니다. 많은 어려움과 시행착오들이 있었지만, 나에게 스타트업 대표를 해 보고라 제안해 주시고 쓴소리도 지속적으로 계속해 주시는 멘토가 있었기에 지금의 나의 모습으로 성장할 수 있었다고 생각한다.

돌이켜 보면 내 인생에서 나를 이끌어 주고 지지해 준 분들을 내가 선택했던 것은 아니다. 나의 어떤 모습과 어떤 태도가 그분들로 하여금 나를 이끌어 주고 지지해 주는 선택을 하게 했을 것이다. 향후 인생을 계속 살아가면서 나를 이끌어 주고 지지해 주는 분들을 만날 텐데, 그분들이 내 인생에서 그냥 스쳐 지나가는 것이 아닌 나와 연을 맺고 나를 이끌어 주는 선택을 하도록 하려면 나는 앞으로 어떤 모습이 되기 위해 열정을 쏟아 노력하며 전진해야 하는가를 생각하게 된다.

나만의 동백꽃을 찾아서

박 소 라

한국에너지기술평가원 책임연구원

부산에서 태어나 경남여자고등학교를 졸업, 부산대학교 응용화학공학과에서 학부를 마치고 환경공학과에서 석·박사 학위를 취득한 후, 2011년부터 한국에너지기술평가원에서 약 13년간 근무하였다. 학위 기간 동안 하수처리공정과 그 미생물을 연구하였고, 입사 후에는 바이오·폐기물·수소 등 신재생 에너지 분야와 다소비 기기·전기차 등 에너지 신산업 분야의 과제 기획·평가·관리와 예산 업무를 수행하였다. 현재는 재무회계실에서 기관 계약 업무와 동반성장평가 업무를 담당하는 등 경영 분야로 지평을 넓혀 가고 있다.

특별하진 않지만 매 순간 최선을 다해 온 지난날

『세상을 바꾸는 여성 엔지니어』 18기 집필진 추천을 받고 나는 손사래부터 쳤다. '세상을 바꾸는 여성 엔지니어'라니…. 제목부터 너무 부담스럽다. 평범하디평범한 직장인이자 워킹맘인 내가 공학도를 꿈꾸는 후배들에게 역할 모델이 될 수 있을까? 뛰어나지 않은 내가 걸어온 길이 누군가에게 귀감이 될 수 있을까? 사실만을 전하는 보고서 외 글을 써 본 지가 25년은 된 것 같은데 글쓰기를 잘할 수 있을까?' 여러 가지 걱정과 왠지 모를 쑥스러움에 마음속으로는 백번 거절을 하였지만 추천인은 무서운 실험실 선배님이자 회사 선배님인 김미화 박사님!

그리 특별하지 않은 삶이지만 매 순간 최선을 다해 왔기에, 힘들었지만 보람 있었던 지난날을 한번 떠올려 보기로 했다. 또한 최근 수도권 대학 선호 등으로 인해 지방대학교의 위기론이 대두되는 상황에서 지방의 대학교에 다니고 있는 후배들이 위축되지 않기를, 그리고 나의 글이 여성 공학인의 삶으로서 하나의 참고할 만한 사례가 되길 바라는 기대로 글을 시작해 본다.

지구를 지키고 싶은 자! 환경공학과로 와라

고등학교 때부터 화학 과목을 좋아했던 나는 화학공학과를 선택하기 위해 응용화학공학부로 입학하였다(그 당시 응용화학공학부는 고분자공학과, 화학공학과, 환경공학과, 섬유공학과로 이루어져 있었다). 그런데 1학년

말 전공 설명회에서, 여러 가지 환경 이슈와 심각성에 대해 설명하시던 환경공학과 오광중 교수님이 마지막에 이 한마디를 남기시고 강의장을 떠나셨다.

"지구를 지키고 싶은 사람은 환경공학과로 와!"

이 말은 나에게 큰 울림이 되었고, 짧지만 깊은 고민 끝에 환경공학과를 선택하게 되었다.

한편 내가 대학을 입학한 2002년은 아시아 최초의 한·일 공동 월드컵이 개최된 해로, 나의 대학 1학년을 떠올리면 정말이지 신나게 놀았던 기억만 떠오른다. 경쟁이 심화된 최근의 캠퍼스와는 달리 캠퍼스 곳곳에 낭만이 가득했고, 선후배와의 교류나 모임도 많아 즐거운 대학 생활을 보냈다.

즐겁지만 학업적으로 부족했던 1학년 생활을 마치고 2학년이 되었는데, 남자 동기들은 군 입대를 위해 거의 휴직하였고, 99학번 예비군(지금도 이 단어를 쓰는지는 모르겠다) 오빠들이 그 자리를 채웠다. 그런데 이 오빠들, 공부하는 것을 보니 장난이 아니었다. 아침에 오면 도서관에 자리를 잡고, 휴식 시간과 수업 후에도 도서관에서 열심히 공부하는 모습을 보게 되었다.

'아, 대학 공부는 이렇게 하는 것이구나!'

깨달음과 경쟁심을 느낀 나는 예비군 오빠들 덕분에 2학년부터는 열심히 학업에 매진할 수 있었다. 더군다나 화학을 좋아했던 나는 수질화학, 미기상학, 연소공학 등의 과목이 너무 흥미로웠고, 우리 생활과 밀접한 폐기물 공학도 재미있었다.

험난한 대학원의 길에 들어서다

환경공학과는 기계공학과나 전자전기공학과보다 교수진과 학생 수가 적기 때문에 여러 교수님을 가까이서 뵐 수 있고 가족 같은 분위기의 학과였다. 나는 수업 시간에 늘 맨 앞자리에 앉아서 수업을 들었는데, 그런 나를 눈여겨보셨는지 박태주 교수님께서 실험실에서 학부 연구생으로 지내보지 않겠냐고 제안하셨다. 사실 그때까지는 대학원 진학을 생각도 해 본 적이 없었다.

하지만 학부 연구생이 되면 더 이상 도서관에 내 자리를 잡지 않아도 되고, 프로젝트에도 참여할 수 있어 연구 경험도 쌓을 수 있었다. 또한 박태주 교수님은 수업 시간에 복장도 단속하실 만큼 엄격한 호랑이셨는데, 이상하게 그런 부분에서도 배울 수 있는 것이 많을 것 같아 단짝인 지윤이와 학부 연구생 생활을 시작하게 되었다. 하지만 실험실 생활은 정말이지 너무너무 힘들다는 표현만으로는 부족할 만큼 정말 힘들었다.

엄격하고 선배의 말이 곧 법인 실험실에서 육체적·정신적으로 힘든 생활이 계속되었지만, 나와의 싸움을 한다는 생각으로 석사 생활까지 5년을 버텼다. 솔직히 돌아가고 싶지 않은 시절이지만 나는 그 시간, 박사 과정까지 약 8년간의 경험이 사회생활에 대단한 도움이 되었다고 말하고 있다.

나는 한국에서의 대학원, 특히 실험실이라고 부르는 공대 대학원은 특수성을 띤다고 생각한다. 마치 군대와도 같은 위계질서가 있고, 목표 의식이 있고, 하루 중 많은 시간을 보내기 때문에 수없는 희로애락을 경험하고 그 과정에서 나의 내면이 단단해지는 곳(물론 내가 지냈던 실험실만의 특징일 수도 있다). 이러한 경험과 시간 덕에 졸업 후의 사회는 따뜻했고, 나는 여러 어려움과 갈등을 지혜롭게 이겨 낼 수 있었다.

물론 이 모든 걸 이겨 낼 수 있었던 것은 연구와 학문에 대한 나의 열망이 있었기에 가능했다. 나는 생물학적 수처리 공정에 관해 연구하였는데, 실험하고 연구 활동을 하고 또 논문을 생산해 내는 과정이 무척 재미있었다. 석사 2년 차 때 BK21 사업단의 지원을 받아 홋카이도 대학교 오카베(Satoshi Okabe) 교수님 연구실에 연수생으로 방문한 후 박사 과정으로의 진학을 결심했고, 기회가 된다면 꼭 해외의 우수 연구실을 경험하고 싶다는 꿈도 가지게 되었다.

석사 때까지는 고민과 걱정이 많았지만, 오히려 박사 과정 때는 집중력 있게 학업에 매진하였다. 그 결과, 내 기억으로는 우리 과에서 주 저자로서는 가장 많은 논문을 출판하고 학위를 취득할 수 있었다.

환경에서 에너지 분야로의 전환!
에기평에 입사하다

환경과 에너지는 떼려야 뗄 수 없는 관계이며 오늘날 인류가 당면한 가장 큰 과제이다. 정말 우연히도 홋카이도 대학교에 계셨던 조순자 박사님께서 부산대학교 연구교수로 근무하게 되셨는데, 미세조류를 이용하여 바이오디젤을 생산하는 연구를 진행하셨다. 이 초록색 조류들이 바이오디젤로 전환될 수 있다니, 바이오에너지·신재생에너지가

에너지 위기와 그로 인한 환경 문제를 해결해 줄 수 있는 열쇠가 될 수 있을 것 같았다.

2011년 초, 박사 학위 취득을 준비하면서 조금 늦었지만 해외로 나가 견문을 넓혀 보고 싶다고 생각했고, 박사 후 연구원으로 일하기 위해 평소 가고 싶었던 미국의 여러 연구실에 컨택을 하였다. 하지만 나의 경쟁력이 부족해서였을까 거취를 정하는 것이 쉽지 않았고, 그 당시 미국 국립재생에너지연구소(The National Renewable Energy Laboratory)에서 근무하시고 막 귀국한 선배님께 조언을 구하게 되었다.

선배님께서는 2008년 리먼브라더스 파산으로 시작된 미국 금융위기와 경제 분위기 때문에 외국인 연구자에 대한 지원이 많이 축소되고 있으며, 결국 한국에 돌아와서 일자리를 구하는 것이 목표라면 학위 취득 후 곧바로 구하는 것도 현실적인 대안이 될 수 있다고 말씀하셨다. 통화 직후 멍하니 막막했던 것이 사실이다. 하지만 그동안 좋아하는 것을 하면서 앞만 보고 살아온 내가 생각해 보지 못했던, 현실적인 삶, 여자로서의 삶, 엄마로 사는 삶을 그려 보게 되었고 재빨리 진로를 수정해 나갔다.

8월이 학위 취득 예정이었기 때문에 그 전에 무조건 취직하겠다는 목표를 가지고 구직 활동에 들어갔다. 우연히도 그 시기에 한국에너지기술평가원(이하 '에기평')에서 직원을 모집하고 있었다. 그 당시 에기평은 설립한 지 2년 정도 된 신생 기관으로서 에너지 R&D를 지원하는 기관으로 연구자들에겐 널리 알려진 기관이지만, 환경공학 전공자인 내가 염두에 두고 있는 기관은 아니었다(입사하고 보니 환경공학 전공 선배님들이 꽤 계시긴 하였다). 하지만 에너지 분야의 R&D는 장기적으로 국가적 지원과 예산 투입이 필요하고, 새로운 분야에 대한 도전이라는 점이 나를 설레게 했다. 그렇게 나는 입사 지원을 했고, 직원으로 임용되어 현재 13년째 에기평에 근무 중이다.

나는 인생의 터닝 포인트를 갑작스럽게, 운명과 같이 마주하게 되는 것 같다. 화학공학도를 꿈꾸던 내가 환경공학자가 된 것, 연구자를 꿈꾸던 내가 연구행정가로서의 첫발을 내딛기 위해 에기평에 입사한 것! 아직도 생생히 기억난다. 면접 보러 가는 날 서울역 플랫폼에서 내릴 때의 설렘과 에기평으로 걸어올 때의 따뜻한 햇살을…. 일과 사람에 치여 지친 날엔 그날의 설렘과 햇살을 기억하며 나 자신을 다독여 본다.

한국에너지기술평가원이 하는 일

에기평은 산업통상자원부 산하의 에너지기술의 기술개발을 전담하는 기관(2023년 기준 기타공공기관)으로 한 해 예산이 약 1조 원에 이른다. 신재생에너지, 에너지 수요관리, 원자력, 전력, 자원 및 이산화탄소 포집·활용·저장 분야 등의 기술 개발이 약 80여 개의 사업을 통해 지원되고 있고, 에기평은 기술 지원을 위한 예산 확보·기획·평가·관리 업무를 수행한다. 직접 연구를 수행하는 기관이라는 인식이 있는데 그렇지는 않기 때문에 입사를 희망하는 분은 이를 참고하면 좋을 것이다.

내가 입사한 시기에는 석사 또는 박사 자격을 요구하였으나, 블라인드 채용 도입으로 전공을 이공계열로 제한하는 등 최소한의 자격 조건만 요구하여 최근엔 대학을 갓 졸업한 후배들도 많이 입사하는 추세다. 하지만 석사 또는 박사 과정 중 연구를 해 본 경험이 에기평의 최대 고객이라고 할 수 있는 연구자 및 연구 환경을 이해하는 데 많은 도움이 될 것이다.

에기평은 업무 범위가 넓고, 직원들은 순환 근무를 하는 것이 원칙이라 다양한 업무 경험을 쌓을 수 있다. 직장인으로서 같은 일을 오래 하면 조금 나태해지거나 지겨워질 수 있는데, 2~3년을 주기로 업무 또는 담당 기술 분야가 변경되어 새로운 분야에 대한 지식을 습득함은 물론 적당한 긴장감을 유지할 수 있는 것도 장점이다. 무엇보다도 정부 정책의 이행을 위한 업무를 수행하는 데에 대한 자부심을 가질 수 있고, 최신의 에너지 정책·기술에 대한 정보를 접함으로써 자연스레 에너지 분야의 전문가가 될 수 있다.

여성으로서 에기평 근무의 가장 큰 장점은 바로 모든 직원이 육아 휴직을 자유롭게 사용할 수 있는 분위기가 형성되어 있다는 점이다. 여성 직원은 물론이고 남성 직원도 법이 허용하는 범위 내에서 육아 휴직을 사용할 수 있는데, 직장인에게 있어 아이가 어릴 때 소중한 시간을 보낼 수 있다는 점은 정말이지 너무나 큰 축복이다. 나의 경우 2년 동안 육아휴직을 한 덕분에 아이가 두 돌이 될 때까지의 성장 과정을 오롯이 지켜볼 수 있었고, 그 시간은 나에게 큰 추억으로 남아 있다.

글을 마무리하며

나의 유년 시절엔 꿈을 찾기 위해 노력했고, 20~30대엔 꿈을 좇기 위해 매 순간 최선을 다했었다. 물론 좌절했던 순간도 많았고 아직도 꿈을 좇고 있다. 힘든 순간마다 책이나 타인의 경험에서 위로를 얻곤 했는데 드라마 〈동백꽃 필 무렵〉으로 백상예술대상 조연상을 받은 오정세 배우님의 수상 소감에서 나는 많은 힘을 얻었다.

"100편 이상의 작품을 하면서 똑같이 열심히 했지만 어떤 작품은 성공하기도 하고, 심하게 망하기도 하고, 이렇게 상을 받기도 합니다. 세상은 꿋꿋이 열심히 살아가는 사람들에게 똑같은 결과가 주어지는 것은 아니기 때문에 불공평하다는 생각이 듭니다. 그럼에도 불구하고 실망하거나 지치거나 포기하지 말고 그 일을 계속하십시오. 여러분도 모두, 곧, 반드시 여러분만의 동백을 만날 수 있을 거라고 믿습니다."

후배님들만의 동백꽃이 활짝 피기를 기원하며 글을 마무리한다.

두려워하지 말고
선택하라

하 지 혜

한국환경연구원 초빙연구원

부산대학교 도시공학과에서 2023년 2월 박사 학위 취득 후, 2023년 3월부터 한국환경연구원(KEI)에 재직하며, 뉴노멀(New Nomal) 시대의 선제적 대응을 위하여 기후위기와 탄소중립, 인구 감소와 지방 소멸 문제에 관심을 가지고 연구를 수행하고 있다. 변함없이 진한 ESTP 성격의 소유자로 사람들과의 만남을 좋아하고, 호기심이 많지만, 현실적이고 논리적인 결과 지향자이다.

승부욕이 앞서던 어린 시절

오랜만에 어린 시절 나를 돌아보는 시간을 가졌다. 책장 한편에 초등학교, 중학교 시절 썼던 일기장이 빼곡하게 채워져 있으나 펼쳐 보질 않다가 이번 기회를 통해 추억 여행을 떠날 수 있었다. 그 시절의 나는 귀여웠으나 귀가 화끈거렸다.

사소한 일로 친구와 싸운 날 적은 일기는 연필심이 여러 번 부러진 게 보일 정도로 있는 힘껏 눌러쓴 흔적이 있었고, 상을 타거나 칭찬을 받은 날이면 기분이 좋았던 것이 느껴질 정도로 평소보다 글을 길게 썼다.

정말 단순하고 감정적이지 않을 수 없다. 누구나 하는 일은 나도 해야만 했고, 다른 누구보다 잘하고 싶었던 나를 발견할 수 있었다. 또한 내가 잘한다고 생각하는 일은 죽어도 지기 싫었으며, "지는 게 이기는 거다."라는 말을 이해할 수 없었다. 이러한 기질은 오래도록 나의 성격과 태도에 묻어 나왔으리라.

지금도 무한경쟁시대 속에 있으나 이제는 틀린 것을 인정하는 마음과 지는 것을 두려워하지 않는 마음을 갖고 살아가고 있다. 단, 두려워하지 않는 것이 실패하는 것을 쉽게 받아들인다는 것은 아니다. 내 역량과 노력을 후회 없이 쏟아부었다면 그에 따른 결과를 받아들이겠다는 말이다. 스스로한테 부끄럽지 않다면 다음에는 더 잘할 수 있다고 당당하지 않겠는가.

지나간 시간은 돌아오지 않는다

"Remember that TIME is money." 본래 벤저민 프랭클린(Benjamin Franklin)이 시간은 돈이라 말한 것을 사람들이 "시간은 금이다."로 바꾸어 쓰며 자리 잡게 되었다. 시간에 관한 명언들이 해가 갈수록 와 닿는 느낌이고, 하루는 24시간으로 변한 게 없는데 왜 체감하기로는 시간이 더 빠르게 흐르는 것 같을까? 반복되는 일상이 가장 큰 영향을 미치는 것 같고, 기억에 인상 깊게 남는 일이 줄어들며 나타나는 자연스러운 현상 같다.

지나간 시간을 돌이켜 보니 그 나이에 할 수 있는, 그 시간에 해야만 의미가 있는 경험이 중요한 것 같다. 밤새 시험공부도 하고, 방학에 아르바이트도 하고, 어디로든 여행도 떠나 보고, 벚꽃이 흩날리는 봄에는 연애도 하는 것. 이러한 경험들이 삶을 살아가며 원동력이 되어 주기 때문이다.

요지는 학생일 때 공부와 연구에 집중하는 것이 가장 중요한 일이지만, 다양한 경험을 해 보는 것 또한 중요하다는 것이다. 열심히 연구한 결과물을 다른 사람들 앞에서 발표하는 경험, 많은 분야의 연구자들과 논의하고 교류하는 것, 국외 학술대회와 출장도 나가 보는 경험, 학술대회에서 상을 타 보는 경험 등 귀중한 경험들을 할 수 있을 것이다.

꼭 대단한 도전이 아니더라도 고민하던 일이 있다면 사소할지라도 도전하고 경험해 보라고 추천하며, 나는 서른이라는 나이에 걸맞은 삶을 살고 있는지, 연구자로서 살아가는 삶은 어떤 것인지 다시 고민해 보는 시간을 가져야겠다.

국내외 다양한 학회 참석 및 수상하는 모습

우연에서 인연으로, 인연이 필연으로

학사부터 박사 졸업까지 같은 전공을 10년 동안 공부했다고 하면 주변에서 많이 하는 질문이 "전공이 적성에 잘 맞았어?"이다. 사실 전공을 처음 선택해야 하는 건 불과 고3으로 내가 무엇을 하고 싶은지, 무엇을 잘하는지에 대해서 깊게 생각하고 정리할 기회가 없을 때이다. 대다수의 학생들이 성적에 맞춰서 학교와 전공을 선택하곤 한다.

물론 하고 싶은 일과 가고자 하는 길이 명확하여 선택에 어려움이 없는 사람들도 있겠으나, 나는 선택의 갈림길에서 고민이 필요했다. 공대를 가고 싶으나 내가 직접 공감하고 느낄 수 없는 분야라면 흥미를 가지기 힘들 것 같았기 때문이다. 실생활과 밀접하게 관련된 것을 공부하고 싶었고, 다양한 분야를 접해 보고 싶었다. 이렇게 나는 도시공학에 발을 들이게 되었다.

도시공학이라 하면 잘 모르는 사람들도 많고, 무엇을 하는 곳이냐고 묻는다. 이럴 때마다 나는 한마디로 요약하자면 '도시에서 일어나는 모든 현상과 문제를 다루는 학문'이라고 얘기한다. 좀 더 다듬어서 얘기하면, 도시공간에서 발생하는 다양한 도시문제의 해결과 지속 가능한 도시환경을 조성하기 위하여 사회·환경·경제·행정·건축 등의 다양한 분야를 종합적으로 연구하는 학문이라 할 수 있다.

그리고 공과대학 내 다른 학과보다 여학생 수가 많다는 특징이 있다. '공대 아름이'라는 단어가 있을 정도로 공과대학에 진학하는 여학생이 적은 데 비해 여성 친화적이라 할 수 있다. 아마도 공학적인 측면뿐 아니라 인문·사회적 측면과 예술적 감수성이 두루 요구되는 학문이기 때문이라 생각한다. 즉, 공학적 메커니즘과 함께 다양한 분야에 대한 지식을 갖출 수 있기에 더욱 매력적이라 인식되었다.

우연으로 접한 학문이었지만 나한텐 필연으로 다가왔다. 학부 2학년 때 '난 이 길이 맞구나!' 느꼈고, 얕은 전공지식이 아닌 심도 있는 학문으로의 정진을 목적으로 대학원에 가야겠다고 결정하였다. 나는 전공에 대한 흥미로 대학원을 결정하였지만, 졸업을 마친 이 시점에서 대학원 진학을 고민하는 친구들에게 몇 가지 당부의 말을 전하고 싶다. 긴 시간 학업에 시간을 투자해야 하는 만큼 전공에 대한 열정도 중요하지만, 미래에 대한 계획과 직업 선택에 있어 대학원 학위가 꼭 필요한지, 무슨 일을 하고자 하는지에 대한 확신이 필요하다.

대학원 생활의 첫 시작은 세부 전공 및 연구 분야의 선택이다. 전공 내 다양한 교과목이 있듯이 세부 전공 또한 다양하기에 어떤 분야를 선택하는지에 따라 배워야 하는 전공지식과 습득해야 하는 직무 능력이 달라진다. 나 역시 여러 방향으로 고민을 했고, 마침내 기후변화, 재난·재해, 도시공간구조 등을 주요 연구 분야로 다루는 연구실과 지도 교수님을 선택하였다. 지금 생각해 보면 이 역시 필연적이었다.

같은 전공을 선택하였기에 우연히 만나 연구실 구성원들과 지도 교수님과 맺은 인연은 매우 소중하고 특별해졌다. 대학원 생활을 하며 가족보다 더 많은 시간 동고동락하였으며, 같이 연구를 수행하는 과정에서 함께 시행착오를 겪으며 누구보다 깊은 접점이 생겼다.

이와 같이 내 선택들은 우연이었지만 필연이 되었다고 생각한다. 모든 우연이 필연이 되진 않을 것이다. 그러나 내게 우연히 기회가 찾아온다면 그것을 놓치지 않고 내 것으로 만드는 게 중요한 것이 아닐까?

2023년 2월 박사 졸업! 소중한 인연인 연구실 친구들과 함께

나는, 우리는 어디에 살고 있는가

우리는 지금 어디에 살고 있는가? 어떤 도시에 살고 있는가? 어디에서 어떻게 살고 싶은가? 도시공학도라면 한 번쯤 고민해야 할 필수 불가결한 질문이다. 그뿐만 아니라 일반인들도 다 잘 먹고 잘 살기 위해 열심히 일을 하는 것이 아닌가. '잘'이라는 기준은 상대적인 것으로 사람에 따라 보는 관점에 따라 다르겠지만, 여기서 잘 산다는 것은 무엇인지에 대해 개인의 가치보다 공동체의 시선과 공간적 관점에서 그 의미를 짚어 보고자 한다.

사람은 개인이 혼자 살아가며 온전한 행복을 느끼기에는 어렵다고 생각한다. 우리는 팬데믹을 겪으며 이전에는 무심코 지나치던 것들의 소중함을 깨닫게 되었다. 삼삼오오 모여서 웃고 떠드는 풍경, 활기찬 거리, 북적거리던 축제까지 이 모든 것이 어려운 시기로 전 세계 도시의 거리는 텅 비었었다.

덕분에 도시가 단지 '내가 사는 공간'일 뿐만 아니라 '우리가 사는 장소'임을 절감하였다.(공간과 장소는 비슷한 단어지만 그 속에 담긴 의미는 다르다. '공간'은 비어 있는 곳으로 어떤 현상이 일어날 수 있는 곳을 의미한다면, '장소'는 공간에 가치나 경험이 더해지며 장소성이 부여된 곳을 의미한다.) 이같이 우리가 살아가는 거주공간에서 확장해 모두가 함께 잘 살 수 있는 도시는 어떤 도시인지에 대한 고민과 이를 만들기 위한 노력이 필요하다.

UN-Habitat 발표에 따르면 2030년까지 도시에 거주하는 인구가 전 세계의 약 60%, 2050년에는 약 68%에 이른다고 한다. 3분의 2가 넘는 인구가 도시에 거주하는 것이다. 도시로의 인구 편중은 과거에는 인식하지 못했던 새로운 도시 문제와 위기를 가져올 수 있다. 대표적으로 저출산 및 고령화, 기후변화, 도시 인프라의 노후화, 탄소배출 문제 등이 심각해질 것으로 예상할 수 있는데, 우리는 미래 세대가 보다 나은 삶을 살 수 있도록 현재의 도시 문제들에 대응하고 해결해야 할 책임이 있다.

싱크탱크(Think tank)의 역할

오늘날 우리는 대전환 시대에 살고 있다. 전 지구적으로 전염병의 확산, 기후위기, 대형 재난·재해, 디지털 혁신 등 세상은 빠르게 변화하며 더욱 복잡해지고 있다. 미래 사회의 변화를 예측하고 능동적으로 대응하기 위해서는 국가적 현안들을 '어떻게' 풀어 나갈 것인지가 중요한 키(key)가 될 것이며 그 핵심은 싱크탱크의 역할이라 생각한다. 싱크탱크는 각 분야의 전문가들이 모여 복잡다단한 문제들을 해결하고 정책과 같은 대안을 제시하는 전문연구 집단이나 개인을 일컫는다.

한국환경연구원(Korea Environment Institute)은 지속가능성(Sustainability), 전문성(Professionalism), 혁신(Innovation)을 핵심 가치로 환경과 관련된 정책·기술의 연구개발과 환경영향평가의 전문성·공정성 제고를 통해 환경문제의 예방과 해결에 기여하고자 하는 우리나라의 대표적 싱크탱크 중 하나이다. 국토환경관리, 기후변화·대기, 환경경제, 환경평가, 물환경, 자원순환, 환경보건, 국제협력 등 다양한 환경 분야의 연구를 수행하고 있으며, 지속가능전략연구본부, 기후대기연구본부, 물국토

연구본부, 환경평가본부로 조직이 구성되어 있다.

내가 속한 곳은 물국토연구본부 내 환경계획연구실이다. 환경계획연구실에서는 국토환경 관련 계획 및 정책연구 총괄, 국토정책의 친환경적 전환 연구, 환경계획·정책의 평가 및 환류시스템 개발 연구, 국토환경정보센터 구축·운영·발전 관련 사업 및 연구, 관련 분야 국제협약·협상 대응 등을 수행하고 있다.

대학원생일 때부터 도시를 기반으로 기후변화, 재난재해, 도시환경 등에 관심을 가지고 연구를 수행하였으며, 인구감소 및 지방소멸, 탄소중립, 도시공간구조를 키워드로 학위 논문을 작성하였다. 현재 한국환경연구원에 재직하며 비슷한 분야의 연구를 계속할 수 있다는 것은 연구자로서 행운이라 생각한다.

변화에 대응하는 연구자의 자세

이미 '5차 산업혁명 시대'가 시작되었다고 화제가 된 바 있다. 일각에서는 4차 산업혁명의 연장선일 뿐 아직 다가오려면 멀었다고 주장하기도 한다. 하지만 기술 발전 속도가 걷잡을 수 없이 빨라지고 있다는 점은 분명하다. 그렇다면 우리는 엄청난 변화 속에서 살아남기 위해 무엇을 어떻게 해야 할까?

가장 중요한 건 연구자로서의 연구 역량 강화라 생각한다. 기존의 지식을 습득하고 비판적으로 바라보며 문제를 해결하는 능력을 바탕으로 새로운 지식을 생산할 수 있는 능력을 갖추어야 한다. 최근 Chat

GPT와 같은 생성형 AI(Generative AI)가 대거 등장하며 인간의 영역으로 여겨지던 창작의 영역까지 침범받고 있다. 이제 우리는 변화하는 시대를 받아들이고 이에 발맞추어 나갈 수 있는 나만의 경쟁력과 차별화된 전략을 개발해야 한다.

나 역시 기술 발전에 도태되지 않기 위해 빅데이터, 인공지능 등을 활용한 연구를 꾸준히 수행하고 공부하는 와중에 '나다움'의 중요성을 절실히 느끼고 있다. 나다움을 잃고 기준이 흐려져 판단을 인공지능에게 맡길 경우 주객이 전도될 위험이 있다. 과학기술은 더 나은 연구를 위한 그리고 문제를 해결하기 위한 도구로서 사용되어야 함을 주의해야 한다.

하고 후회하는 게 낫다

해도 후회, 안 해도 후회할 것이라면 난 우선 저지르고 보는 편이다. 해 보지 못한 후회보다 무엇이든 해 보고 난 뒤의 후회가 낫다고 생각한다. 선택에 있어 두려움에 또는 걱정에 시도하지 않는다면 나는 아마 그 일을 평생 후회하며, '그때 다른 선택을 했다면 어땠을까?'라는 생각을 할 것이다. 그러나 선택하고 시작하고 경험하고 난 뒤의 후회는 내 선택에 대한 책임이라는 생각에 잠깐의 고뇌로 끝날 것이다.

물론 나는 후회를 하지 않는 편이다. 매 순간 옳은 선택을 했다는 것이 아니다. 그른 선택을 했더라도 내가 선택한 일이기에 그 선택을 최선으로 만들고자 노력하고 긍정적으로 생각하는 편이다.

누구한테나 선택의 갈림길은 찾아온다. 거기에 정답은 없을 것이다. 누가 내 인생을 대신 살아 주는 것도 아니고, 그 길의 끝을 보지도 못했다. 그러니 뒤돌아보지 말고 앞으로 나아갈 용기를 가지라고 말하며, 나의 이야기가 조금이나마 도움이 되었으면 하는 바람으로 글을 끝맺고자 한다.

2장

노력

Effort

더 발전할 나를 위해
꾸준하고 묵묵하게

인생은 공부의 연속

박 선 정

한국원자력안전기술원 책임연구원

경북대학교 지질학과에서 지진학 이학박사 학위를 취득하고, 2006년부터 2015까지 약 9년간 한국전력기술에서 근무하였다. 2015년에는 한국원자력안전기술원으로 이직하여 현재까지 근무하고 있다. 지진동예측식, 지진재해도 등이 주 연구 분야이다.

나의 발자취를 되짚어 보며

세상을 바꾼 여성 엔지니어의 많은 저자들과 마찬가지로, 나 역시 현 한국여성공학기술인협회 수석부회장이신 한국전력기술 이영옥 처장님으로부터 투고 제의를 받았을 때 적잖이 난감했던 것이 사실이다. 엔지니어 출신의 연구원인 내가 미래를 이끌 여성 엔지니어들에게 귀감이 될 만한 글을 쓸 수 있을까 하는 걱정이 앞섰기 때문이다.

그럼에도 제안을 거절하지는 않았는데, 나와 같은 길을 그 누구보다 또박또박 걸어오시는 그분께서 제안하신 일이라면 내가 충분히 할 수 있는 일일 것이라는 생각이 들었고, 나 스스로도 나의 발자취를 되짚어 보고 싶은 욕구가 가슴속 깊은 곳에서 고개를 들었기 때문이다.

이렇게 쓰게 된 나의 에세이는 어쩌면 타인이 아닌 나 자신에게 어떤 방식으로든 긍정적인 영향을 미칠 것이라는 생각이 들기도 한다. 그렇게 노트북을 열고 에세이를 쓰고자 지난날을 돌이키며 기억을 되짚었는데, 아무리 생각해도 나는 남들보다 특별한 것이 없었다! 다만, 내 인생이 공부와 배움의 연속이었고 나에게 공부는 지금도 현재진행형이라는 것을 알게 되었다.

엔지니어라면 전공 공부와 기준 분석은 선택이 아닌 필수

대학원에서 지진학을 전공했던 나는 2006년 석사 학위 취득과 함께 한국전력기술 토목기술처에 입사했다. 한국전력기술은 원자력발전소를 설계하는 회사이다. 원자력발전소는 다양한 인위적·자연적 재해가 발생할 경우에도 안전을 확보할 수 있도록 설계되어야 하는데, 그 중 지진에 대한 안전을 확인하기 위해 발전소 부지의 지진안전성을 평가하는 것이 내가 맡게 된 업무였다.

대학원에서 지진학을 전공했으니 학과 전공과 딱 맞는 업무를 맡았다고 생각했으나 실상은 달랐다. 지진학적 지식도 물론 기반을 갖추어야 하지만 원자력 분야의 모든 설계는 법령에서 정하는 기술기준에 따라 행해져야 하므로 관련 기술기준을 모두 파악하는 것이 신입직원에게는 최우선 과제인데, 용어와 절차 그리고 평가 방법 등이 그렇게 생소할 수 없었다. 그저 모든 것이 익숙해질 만큼 반복하고 또 반복하여 숙지할 수밖에 없었다.

기술기준 외에 지진안전성 평가 업무를 수행함에 있어서도 학교에서 하는 연구와는 차이가 있었다. 지진학을 학문으로 공부할 때는 지진 자체의 발생 및 전파 특성에 초점이 맞춰지고 연구 과정이나 결과에 불확실성을 상당 부분 감안할 수 있었던 반면, 공학적 적용에 있어서는 지진으로 인한 부지에서의 지진동값 자체가 내진설계의 주요한 입력 자료로 이용되었기 때문에, 평가를 통해 값을 도출하고 그 값의 근거를 확보하는 것이 가장 중요했다.

애매모호한 지식적 한계가 있더라도 불확실성은 반드시 수치화되어야 하며, 그 범위까지 정량화되어야 했다. 연구할 때 자주 썼던 '해당 부분에 대해서는 추후 심도 있는 연구가 필요하다.'라는 유보적 표현 대신, 이해 가능한 수준의 수치와 그 근거가 필요했다.

  처음에는 이 과정에 대한 적응이 힘들었다. 특히 공학적인 해답을 찾기 어려울 때는 나의 지진학적 지식의 부족함이 그 원인인 것만 같아 두려움과 우울함이 차오르곤 했다. 지금 돌이켜 봐도 그 당시에 좀 더 깊은 전공지식이 있었더라면 더 나은 방향으로 해결할 수 있는 일들이 꽤 있었던 것 같다는 생각이 들곤 한다.

  그렇게 탄탄한 전공지식의 필요성을 매일같이 느꼈기 때문에, 나는 가능한 매일 공부하려고 노력했다. 가장 기본적인 전공서적을 정해서 새벽이나 밤 일정한 시간을 정해 꾸준히 공부했다. 회사 업무에서 주로 사용되는 분야를 논문 주제로 정해서 논문을 준비하기도 하였으며, 박사 과정도 병행하는 등 전공지식 습득에 많은 노력을 기울였다. 당시에는 아무리 해도 '내가 모르는 것이 참 많기도 하구나!'라는 생각이 많이 들었었는데, 시간이 지나 생각해 보면 나는 그렇게 조금씩 조금씩 나의 지식 반경을 넓혀 가고 있었다.

힘들었던 경험은 가치 상승의 원동력

꾸준한 전공 공부를 통해 조금씩 지식을 축적시키는 중에도, 회사에서는 계속해서 여러 프로젝트를 수행하며 업무 경험이 쌓여 가고 있었다. 이명박 정권이 들어서고, 원자력계는 해외 진출이라는 새로운 국면을 맞이했다. 한국전력은 UAE 바라카(Barakah) 현장에 원자력발전소를 건설하는 총 사업을 맡았고, 내가 몸담았던 한국전력기술이 발전소의 설계를 맡았다.

국내 프로젝트와 마찬가지로 바라카 프로젝트에서도 나는 지진안전성 관련 업무를 맡게 되었는데, 업무의 내용이 국내 프로젝트와는 사뭇 달랐다. 국내법상 원전의 지진안전성 평가가 미국의 과거 기준을 준용한다면 바라카 프로젝트의 지진안전성은 미국의 최신 기준을 준용하여 평가되는데, 두 기준의 기술적 차이가 상당히 컸기 때문이다.

꾸준히 공부하고 열심히 다양한 프로젝트를 수행하며 자신감이 조금 쌓여 가던 나였는데, 해외사업의 시작과 함께 엄청난 업무량은 기본이요, 난생처음 접해 보는 결과물들을 검토하고 국외전문가로 구성된 하도업체, 사업자 및 규제기관을 대응하면서 매일매일 역부족에 자괴감을 느꼈다. 몇 년의 국내 경험만을 가진 초급 엔지니어가 UAE에 고용된 중견 엔지니어들을 상대하는 일은 당연히 벅찰 수밖에 없었다. 그 당시는 내게 있어 직장 생활의 위기라 느낄 만큼 힘든 시간이었다. 벗어나고 싶다는 마음이 턱 끝까지 차오르고 퇴사 외에 탈출구는 없어 보였지만, 그저 일이 힘들다는 이유로 뒷걸음질 치듯이 퇴사하고 싶지는 않았다. 할 수 있는 만큼 최선을 다해서 내가 할 수 있는 것을 잘 해내자고 스스로 되뇌고 자신을 다독였다. 결국 답은 또 공부뿐이었다. 근무 외 시간에 최신 기술기준과 해외 사례를 닥치는 대로 스터디하고, 나만의 언어로 정리하곤 했다. 중요한 미팅이라도 앞두고 있을 때는 밤낮없이 준비했고, 나만의 정리를 마무리 짓고서야 미팅에 참여했다.

아무리 힘들고 어려운 시절이라 할지라도, 시간은 언제나 정확하게도 흘러가며 끝을 알려 준다. 어느덧 바라카 원자력발전소가 건설허가를 획득하게 되면서 내가 맡았던 주요 업무는 마무리되었다. 우여곡절도 많았고 지금 돌이켜 봐도 '그때처럼 열심히는 다시 못할 거야.'라고 생각될 만큼 최선을 다했고 때로는 힘들었던 시절이었다.

이 힘든 시간을 지나, 나도 모르는 사이 나는 국내 사업에서는 누구도 접하지 못했던 원전 지진안전성 평가에 대한 세계 최신 기준과 기술의 적용 과정을 두루 습득하고 직접 경험한 사람이 되어 있었다. 국내 동종 업계의 전공자 중에서 나만이 가질 수 있었던 소중한 경험이

었다. 그렇게 나는 남들과는 구분되는 독특한 경험 하나를 쌓게 되었고, 어느 순간 그 경험으로 인해 엄청나게 성장해 있는 나 자신을 발견하였다.

해외 프로젝트를 하면서 부차적으로 소소하게 길러진 한 가지 소양이 있다면 영어 소통에 대한 부담이 줄어든 것이다. 외국인과 이메일, 전화, 회의 등을 수없이 경험하면서 비즈니스 영어를 체득하게 되었고, 처음에는 불편하기 그지없던 그 모든 과정들이 어느 순간 나에게 자연스러운 일상이 되어 있었다. 물론 영어로 인한 압박감 또한 컸기 때문에 바쁜 와중에도 일과 중 꼭 시간을 내어 영어 공부를 했다. 영어도 꾸준히 하면 조금씩 향상된다는 것을 몸소 느껴 봤기 때문에, 십여 년이 지난 지금까지도 나는 영어 공부를 위해 매일 별도의 시간을 투자하고 있다.

사실은 가장 중요한 인생 공부

그렇게 한국전력기술에서 8년 8개월의 경험을 쌓고, 나는 한국원자력안전기술원으로 이직하여 현재까지 9년 차 근무 중이다. 업무 분야는 동일하지만, 기관의 역할상 업무의 성격이 조금 다르다고 할 수 있다. 신입이 아닌 경력직원으로 이직을 하면서 확실하게 깨달은 것 한 가지는, 실력으로 나만의 가치를 보여 줄 수만 있다면 학벌, 자격증, 시험 점수 등 가시적으로 보이는 모든 것은 허울에 불과하다는 것이다. 남들과는 차별화된 나만의 가치를 높이는 데 올인해야 하는 이유가 바로 이것이며, 나의 가치를 높이는 데 공부와 경험이 중요한 역할을 하는 것은 자명하다.

동종 업계에서 산전수전 겪으며 이십 년 가까이 일을 하면, 규칙적으로 돌아가는 일들은 크게 힘들이지 않고 처리할 수 있게 된다. 또 특이하게 발생하는 일도 공부와 사례분석을 통해 해결 방법을 찾아가면 된다는 것을 익히 알기 때문에, 심적 동요 없이 유연하게 처리할 수 있다.

그래서 최근의 나는 업무로 일희일비하지 않는 편이며, 예전과 같은 일을 하더라도 품질과 완성도를 더 높일 수 있도록 하는 데 힘을 쓸 수 있게 되었다. 엔지니어에게 있어 자신이 만들어 낸 결과물은 곧 자신임을 잘 알기 때문이다. 이렇게 일을 하는 것이 습관화되고 완성도 높은 나만의 아웃풋들이 축적되면, 사업마다 대동소이한 일들이 반복되는 엔지니어링 업무의 특성상 동일 업무에 투여되는 시간이 점점 줄어들어, 남는 시간을 다른 일에 쓸 수 있다.

전공 공부, 업무 공부, 영어 공부 등 쉬지 않고 배우려고 하는 내가 또 하나 꾸준히 하고 있는 것이 있다면 그것은 바로 독서이다. 개인적으로 책을 읽으며 혼자 생각을 정리하거나 현자의 글로부터 몰랐던 사실을 깨닫는 그 시간을 너무 좋아한다. 젊을 때는 자기계발서나 소설을 많이 읽었던 것 같은데, 한 아이의 엄마가 되고 사십이 넘어가면서 육아서나 인생에 대한 철학을 다루는 책들을 주로 읽게 되는 것 같다.

독서를 통해 내 삶의 이유와 목적을 본질적으로 생각하고 정리하며 남은 인생을 어떻게 살아야 할지에 대한 생각을 하게 된다. 때로는 인생에 대해 진지하게 고민하는 이런 시간들을 진작 가졌어야 했던 것이

아닌가 싶지만, 또 한편으로는 엔지니어로 이십 대와 삼십 대를 그렇게도 열정적이고 치열하게 보냈던 까닭에 지금 내가 인생에 대해 생각하는 시간도 편안하게 가질 수 있고 여생에 대한 목적을 세울 때도 더 높은 이상을 추구할 수 있는 게 아닌가 싶다.

아주 오래전 후배로 입사한 신입 여직원이 나에게 하소연한 적이 있다.

"공부하기 지긋지긋해서 취업했는데, 회사 오니 공부할 게 더 많아요."

그때 내가 뭐라고 답을 해 줬는지는 기억이 나질 않지만, 확실한 것은 그런 마음이라면 엔지니어링 회사에는 취업하지 말았어야 한다는 것이다.

이 글을 쓰기 시작할 때는 후배들에게 세련되고 멋진 조언을 하는 언니가 되고 싶었는데, 결국은 꾸준히 공부해야 한다는 '쿨하지 못해 미안한' 이야기만 한 자루 풀어내게 되었다. 하지만 공부와 배움을 통해 불편한 것을 편하게 만들어야 직장 생활이, 그리고 인생이 더욱 편해지고 그 평안한 일상 속에서 삶의 여유와 행복을 느낄 수 있게 된다. 특히 엔지니어라면 반드시 그렇다! 그것을 알기에 나는 오늘도 쉬지 않고 읽고 공부하고 배운다.

평범한 것도 괜찮아

백 선 혜

한국전력기술 차장

부경대학교에서 안전공학과 소방공학을 복수전공하였으며, 졸업 후 한국전력기술에서 11년째 근무 중이다. 한국전력기술 내 소방 직무 신입사원으로 채용된 두 번째 직원으로, 첫 번째 선배님이 이직하신 탓에 소방직무로 채용된 직원으로서는 제일 고참이다. 신규 건설하는 국내 원자력발전소 화재방호계통 설계를 주 업무로 수행하였으며, 최근에는 국내외 발전기 계통 및 구매 업무와 해외 신규 프로젝트에도 참여하고 있다.

세 · 바 · 여 집필로 발견하는 나의 특별함

비가 추적추적 오는 탓에 몸이 축 늘어지던 어느 날, 회사에 유능하시고 존경하는 선배님의 전화벨 소리에 정신이 번뜩 들어 얼른 수화기를 들었다. 나를 『세 · 바 · 여』의 집필진으로 추천한다고 하셨다. 순간 멈칫하며 '지극히 평범하고 잘난 것 하나 없는 내가 무슨 글을 쓸 수 있을까?'라는 생각이 들어 대답을 주춤거렸다.

그 감정을 느끼셨는지 선배님께서는 『세 · 바 · 여』 간행물은 이공계열의 많은 여성 후배들이 본다며 한번 도움을 주는 건 어떤지 재차 물으셨고, 나는 '그래, 내가 많은 걸 이룬 사람은 아니지만 후배들에게는 어쩌면 현실적으로 도움이 될 수 있을지도 몰라.' 하는 생각에 해 보겠다고 용기를 냈다.

집필하기 전 그간 다른 선배님들이 집필하셨던 에세이를 읽어 보니 해당 분야에서 엄청난 성공을 거두고 인정을 받는 분들이 많으셨는데, 나는 학사 출신에 엄청난 성공을 이룬 위인(?)이 아닌 평범한 직장인으로서 학생들과의 심리적인 격차를 좁힐 수 있길 바라본다.

캠퍼스 밖에서의 방황,
다시 찾은 대학 생활의 의미

나의 학창 시절은 아주 평범했다. 연년생 오빠가 있어서 부모님의 등록금 부담을 덜어 드려야겠다는 생각으로 그저 국립대학에 입학해

연년생인 오빠와 보냈던 즐거운 유년 시절

야 한다는 목표만 가지고 있었고, 무엇이 하고 싶은지도 명확하지 않은 채 주어진 시간에 학생으로서의 본분만 다할 뿐이었다.

부산의 국립대학 세 군데에 모두 지원하고 합격된 두 군데 중 과 이름이 뭔가 멋져 보여서 선택한 '안전공학부', 사실 무엇을 배우는지 전혀 모른 채 대학생이 되었다는 들뜬 마음으로 캠퍼스의 세계로 들어갔다.

뭔가 안전한 것들만(?) 배울 것 같았던 안전공학은 물포자(물리를 포기한 자)인 나에게 큰 배신감을 안겨 줬다. 각종 역학, 공업수학, 화학공학, 전기공학, 인간공학 등 너무 많고 다양한 공학을 공부해야 했기 때문이다. 배신감을 받은 덕분에 1학년 때 학점은 2점대에 불과했고, 공학 자체에 재미를 붙이지 못한 나는 대형 프랜차이즈 피자가게에서

2년간 아르바이트를 하며 캠퍼스 밖이 더 재밌어지기 시작했다.

처음으로 겪는 사회생활이다 보니 단체 활동에 서툴러 같이 근무하는 20여 명의 근무자들과의 관계에서 간혹 삐걱거리기도 하고, 서비스직으로서 고객에게 만족을 드리지 못하여 컴플레인을 온몸으로 받기도 하는 등 각종 이벤트가 난무했었다.

사실 캠퍼스 밖의 생활에 좀 더 치중하다 보니 학점 관리를 못한 것이 후회가 되기도 했지만, 각종 이벤트를 겪으며 나의 내면도 단단해지고 성인으로서의 성격 형성이 그때 많은 부분 이루어진 것 같아 크게 후회하지 않기로 했다.

아르바이트 퇴직금으로 말레이시아로 보름 정도 배낭여행을 다녀온 후 2년간의 방황을 끝내고 다시 캠퍼스의 세계로 터벅터벅 걸어 들어

캠퍼스 밖의 방황 생활을 끝마치는 계기가 되었던 말레이시아 여행

갔다. 곧바로 전공을 선택해야 하는 기로에 섰고 안전전공, 소방전공 두 가지 중 대부분의 여자 동기들이 선택한 복수전공을 따라서 선택해 소방이라는 학문을 처음 접하게 되었다.

그저 '취업할 때 복수전공이면 조금이나마 유리하겠지?'라는 생각으로 소방전공의 필수학점을 채움과 동시에 대학 생활 처음으로 성적장학금도 받아 보곤 하면서 공학도로서 나도 이 사회에 도움이 되는 일원이 될 수 있겠다는 자신감을 가지게 되었다.

한 발짝 물러섰다가 찾은 행복

사실 나는 현장의 안전을 관리하는 안전관리자가 되고 싶었다. 큰 포부가 있었다기보다는 선배들 대부분이 대기업의 안전관리자로 자리 잡았기 때문에 자연스레 그런 꿈을 꾸었던 것이다. 하지만 실상은 그리 녹록지 않았다.

처음 취업 준비를 하던 4학년 2학기 때, 최종 면접을 갔던 두 군데의 회사가 있었다. 한 군데는 안전관리 직무의 대기업으로 2012년 당시 초봉이 5천 가까이 되었고, 나머지 한 군데는 소방설계를 전문으로 하는 연봉은 1,800만 원 수준의 회사였다. 그래서 그 당시엔 소방 쪽 취업은 박봉이구나 하며 취업 시장에서의 소방이라는 글자를 지워 버렸다.

당연히 소방설계 회사에는 입사하지 않았고, 대기업 최종 면접을 보러 갔으나 면접관에게 큰 잔소리를 들음과 동시에 불합격의 쓴맛을 보고선 안전보건공단에서 10개월간 인턴을 하며 다시 안전관리자가 되기 위한 여정을 시작했다.

인턴 기간에 많은 대기업과 공기업에 지원하여 시험 및 면접을 보았다. 당시 지원하였던 직무는 대형 조선소나 대형 플랜트의 안전관리자였으나 합격이 쉽지 않았고, 난생처음 단기간에 많은 좌절을 겪으면서 나는 여자라서 TO가 적은 안전관리 직무에서는 선호하지 않는 거라며 스스로를 다독였다. 그 이유밖에 나를 위로할 만한 어떠한 큰 이유가 없었는지도 모르겠다.

그러다 인턴 막바지 무렵 우연히 한국전력기술 채용 공고를 보았고, 그 당시 공기업이나 대기업에서 보기 드물었던 소방직무로 채용하는 것을 보고 내 머릿속에서 지웠던 소방이라는 글자를 다시금 꺼내어 지원하였다. 그리고 운 좋게 합격하여 현재 행복하게 근무하고 있다.

눈앞의 편견에 사로잡혀 놓칠 뻔한 나의 진정한 가치

한국전력기술은 원전 종합설계와 원자로계통설계 기술을 함께 보유하고 있는 세계적인 원자력 분야 설계회사로서, 국내뿐만 아니라 해외 수출을 위한 설계에도 참여하고 있는 설계기술회사이다. 사실 나는 안전관리직무만 파고 있던 터라 원자력 설계가 무엇인지, 한국전력기술이라는 회사가 어떤 일을 하는지에 대하여 전혀 알지 못한 채 원자력 기계 분야에 입사하였다.

원자력발전소는 크게 1차 계통과 2차 계통으로 나뉘는데 1차 계통은 원자로를 포함하여 폐회로인 원자로냉각재계통을 중심으로 원자로 보조계통, 안전설비, 원자로 제어 및 감시 계통 등으로 구성된 계통을 말하며, 2차 계통은 에너지 변환 계통으로 1차 계통에서 전달받은 열에너지를 터빈에서 운동에너지로, 발전기에서 전기에너지로 변환하는 계통을 말한다.

나는 2차 계통 틀 안에서 비상디젤발전기, 대체교류디젤발전기, 순환수, 화재방호 계통 등을 담당하고 있는 국내건설 보조계통팀으로 배치되었고, 이 중 나의 주된 업무는 화재방호계통이였다. 입사 후 내 직무의 신입사원의 자리가 현재 배치된 국내건설팀이 아니라 비교적 출장이 잦은 가동원전팀이었고, 바뀐 이유가 내가 어린 여직원이었기 때문이었음을 알게 되었다.

그 당시에는 '왜 여직원이 출장을 가는 게 어려울까? 출장을 가면 엄청나게 위험한 지역에 가서 힘을 쓸 일이 있을까? 아니면 드라마에서처럼 건설 현장은 욕설이 오고 가는 험한 분위기가 있어서 상처받을까 싶어서일까?' 하는 생각을 종종 했다. 지금 와서 생각해 보면 아마도 기계 분야 특성상 오래 근무하신 선배 여성 직원분들이 안 계셨고, 남성 직원들과 동일하게 현장 출장에 대한 요구를 하기 어려운 조심스러운 분위기 때문이지 않을까 싶다.

또 출장이 비교적 잦은 소방직무이기 때문에 신입사원으로 남성 직원을 뽑고 싶었다는 이야기도 듣게 되었다. 최종 면접에 올라온 2명의 지원자가 나를 포함하여 모두 여성 지원자였고, 할 수 없이 둘 중에 덜 울 것 같은 나를 뽑았다는 후문도 듣게 되었는데 이 어찌 여성에 대한 엄청난 편견이었을까 싶어 조금은 속상했었다.

그래서 초년생 때는 갑작스러운 회식에서 새벽까지 어울려 술도 마시고 좀 더 일을 빨리 끝내야 하는 분위기에서의 야근이나 주말 근무도 빠지지 않고 최선을 다했었는데, 지금 생각해 보면 나는 여성이니깐 더 열심히 해야 울기만 하는 약한 여직원으로 보지 않을 거라 생각했었던 내가 제일 편견에 사로잡혀 있었던 게 아닌가 싶다. 모든 남성 직원들이 모든 회식에 참석하거나 억지로 야근을 하는 것은 아니고, 저런 노력이 내 업무 능력에 대한 평가와는 별개인데 말이다.

요즘 MZ 세대 친구들에게는 이 글이 정말 "라떼는 말이야~"로 들릴지도 모르겠다. 후배들은 부디 불필요한 회식 자리나 눈치 때문에 하는 야근은 멈추고 하루에 4~5시간 남짓한 소중한 본인의 시간을 확보하길 바란다.

어느 정도 불필요한 업무 외 시간에서 벗어나기로 한 뒤, 난 어떤 직원이고 동료인지 고민해 본 결과는 아래와 같았다.

- 대학 시절 2년간의 방황 덕분에 공학기초가 다소 부족
- 잘하진 못하지만 업무에 임하는 성실한 태도
- 상처를 잘 받지 않는 무덤덤한 성격이나 도를 지나치면 호랑이처럼 변하는 성격
- 내가 겪지 않는 것에 대하여서는 갖지 않는 선입견

그래서 나는 다소 부족할 수 있었던 공학 기초를 다지기 위해 그 시간에 다시 공학 기초를 공부했고, 상대방이 나의 기준에서 도를 지나치면 참지 못하는 성격을 다스리기 위해 각종 책을 읽기 시작했다. 그

러면서 30대 초반이 지나자, 진정한 나는 어떤 사람이고 어떤 동료인
지에 대해 어느 정도 감이 오기 시작했다.

사수 이직으로 온 기회와 도전

입사한 지 1년이 채 되기도 전에 나의 사수 선배가 이직을 하셨다.
요즘 친구들은 어떤 플랫폼에서 취업을 구하냐는 물음에 순순히 대답
한 나 덕분에 새로운 곳의 채용 공고를 보고는 떠나 버리셨다.

그리고 얼마 지나지 않아 어느 한 부장님께서 회식 때 한 말씀이 비
수에 꽂혀서 화장실에서 엉엉 운 기억이 난다. "이제 사수가 그만두니
모든 업무는 네가 해야 하고 네가 책임져야 해. 우리 일은 호락하지 않
아. 너 잘할 수 있겠어?"라는 내용의 이야기였고, 아주 큰 돌멩이로
내 심장을 내리치는 듯한 부담감에 짓눌렸었다.

정신 차려 보니 타 부서 선배님께 양해를 구하고 자리에 찾아가서
도면 보는 법을 물어보고 있었고, 원자력발전소 내부에 직접 들어가
내가 발행한 계통도를 보면서 확인하고 있었고, 각종 인허가 기관에
가서 인허가 취득을 위하여 내가 설계한 내용으로 협의도 하고 있었
다. 아마도 그때 나의 사수가 이직하지 않았다면 사수 그늘 아래에서
천천히 배우느라 기회도 많이 없었을 것이다.

내가 느끼는 직장인은 탁월하다고 해서 혹은 타고났다고 해서 꼭 잘
하는 것만은 아니며, 어떠한 상황에 맞추어 내가 어떻게 나아갈 것인
가 고민하다 보면 그 고민의 결과가 곧 성장된 업무 능력으로 나타난

다는 것이다.

평범함이 나를 특별하게 만들어 가는 이야기

나는 지금 약 2년 정도 육아휴직을 끝낸 후 복직한 지 10개월 차에 접어들었다. 사실 육아휴직 동안은 육아에 지쳐서 복직에 대한 두려움은 없었지만, 막상 복직하여 보니 약 2년간의 육아휴직의 업무 공백이 몸소 느껴졌다.

나는 뭐든지 '이거 별거 아니야. 다 지나갈 거야.'라는 무덤덤한 마인드를 가지고 살았는데, 복직하고 나서 겪는 나의 잦은 사소한 실수와 후배들에 비해 모르는 것 같은 두려움과 자존감 하락 등 각종 걱정을 떠안은 걱정인형이 되어 육아도 회사 업무도 집중하기가 어려웠던 것 같다.

육아휴직 기간이 보장되어 있고 예전에 비하면 육아하기 수월한 환경이니 복직하여도 경력 단절에 대한 두려움이 없을 것이라 생각했었는데, 심리적인 불안감은 여전했다. 그러나 남녀 불문하고 함께 육아하고 있는 선배들과 공감대를 가지면서 불안감들을 해소하고 있다.

복직 후 현재는 본래 전공인 소방직무 대신 발전기 관련 계통 등 다양한 업무를 새로 담당하게 되면서 어려움은 있지만 즐겁게 일하고 있으며, 나의 5년 뒤 10년 뒤의 회사 생활이 어떨지 기대된다.

사람들마다 평범함의 기준이 다르겠지만, 나는 내가 생각했을 때의 평범함 기준에 아주 부합하는 사람인 것 같다. 어느 분야에 탁월한 능력이 있는 것도 아니고 외모나 언변이 출중하여 모두를 사로잡는 매력의 소유자도 아니다. 하지만, 솔직하지만 둔하고 성격이 급하지만 성실하고 선을 넘지 않으려 노력한다. 난 이게 내 강점이라고 생각하며, 누구나 자기만의 강점을 만들 수 있다고 생각한다.

다소 소수인 여성 공학인이라고 해서 꼭 군계일학이 될 필요는 없다. 어느 분위기에서 스며들 수 있고 평범하지만 계속 찾고 싶은 사람이 된다면 반쯤 성공한 직장 생활이 아닐까?

몰입과 성장,
치열한 하루가 모여 변화를 만든다

심민영

현대모비스 전동화BU 전동화기술전략셀

공부의 '공' 자도 몰랐으나 사교육 없이 치열한 사투 끝에 연세대
학교 신소재공학과에 입학한다. 사서 고생하고 도전하길 좋아
해 대학교 2학년 과정을 마치고 휴학하여 무전여행에 가까운 배
낭여행을 떠난다. 그 과정에서 친환경 기술 기획자의 꿈을 갖게
되었다. 학사 학위 취득 후, 2020년 1월부터 현대모비스 전동화
기술전략셀에서 4년째 근무하며, 성장하는 친환경 전기차 기술
산업과 커리어를 함께하고 있다. 또한, 유튜브 채널 〈MotiV〉를
통해 명문대 선배들이 스스로 경험하며 깨달은 '몰입과 치열한
성취 경험의 중요성'을 콘텐츠로 만들어 중·고등학생들에게 전
하고 있다.

인생 첫 챌린지 '공부', 성공 경험

초등학교 5학년 때 문제집이란 걸 처음 풀어 봤다. 부모님께서는 학교 성적에 일절 관여하지 않으셨기에, 학원은 고사하고 학교 시험 날짜가 언젠지도 모를 정도로 공부에 관심이 없었다. 없어도 됐기 때문이다. 일례로, 보통 학생이라면 초등학교 3학년 때부터 정규 교육과정으로 영어를 배우기 때문에 이전부터 영어나 수학 정도는 학원을 통해 선행학습을 하는 것이 보통이지만, 나는 초등학교 5학년 때까지도 '사과, apple'을 쓸 줄 몰랐다.

5학년 때 혜림이라는 친구와 참 친하게 지냈는데, 그 친구는 나와는 달리 부모님의 교육열이 상당해 학원도 많이 다니고 그 친구 또한 공부에 푹 빠져 있었다. 혜림이는 당연히 반에서 줄곧 1등을 했다. 그런데, 어느 날부터 혜림이는 방과 후에 나를 집으로 불러 간식을 나눠 주고 옆에 앉혀 공부를 알려 주기 시작했다. 오답노트를 만든다며 문제집을 가위로 잘라 연습장에 붙이기도 하고 색색의 볼펜을 이용해 틀린 문제를 내 것으로 만드는 연습을 했다. 나에게는 공부가 그저 혜림이와 노는 수단이었지만 난생처음 해 보는 공부다운 공부가 너무 재밌어서 방과 후에는 마치 고3 수험생처럼 몰입해서 공부했었다.

그다음 결과가 어떻게 됐을까? 바로 뒤 시험에서 반에서 1등을 해 버렸다. 계주 1등으로 도장을 받은 이후로 처음 받은 1등 꼬리표에 아주 짜릿했지만 초등학생이었던 어린 내 친구 입장에서는 충격적인 결과였을 것이다. 이때의 기억은 난생처음으로 무언가에 몰입해서 좋은 결과를 얻을 수 있었던 최초의 짜릿한 기억이자, 친구와 멀어지게 된

슬픈 기억이다.

이때 1등을 하고 쭉 성적이 좋았냐는 질문에는 자신 있게 아니라고 말할 수 있다. 나름 내 고향 평택에서 명문 중학교라고 불리던 곳에 입학했지만 3년 내내 공부와는 담을 쌓았다. 놀기를 좋아하는 친구들과 어울리며 방과 후에 무엇을 하며 놀까만을 고민했고, 늘 선생님과 먼 뒷자리를 차지하려 애를 썼다. 당연히 중학생 시절 성적은 바닥에 수렴하는 320등이었다.

고등학교에 진학하기 전 방학, 우연히 〈공부의 왕도〉라는 프로그램을 보게 됐다. 뛰어난 성적의 수험생들이 얼마나 절박하게 공부하는지를 보여 주고 그들만의 공부 비법을 알려 주는 다큐멘터리였다. 모두에게 동등하게 주어진 시간에 목표를 이루기 위해 달려가는 언니 오빠들의 모습은 그 어떤 연예인보다 멋있게 느껴졌다.

그렇게 수십 명의 이야기를 정주행한 후 결심했다. 나도 성인이 되기 전, 내게 주어진 첫 번째 챌린지, '공부'와 치열하게 싸워서 이겨 보리라. 아주 오래된 기억이지만 초등학교 때 누구보다 열심히 공부해 성취한 경험이, 새로운 목표를 향해 달려갈 수 있는 자신감을 불어넣어 줬다.

구체적인 장래의 목표가 있는 건 아니었지만, 치열하게 공부하다 보면 길이 보일 것이라 믿고 일단 열심히 했다. 고등학교에 올라가기 직전 겨울방학에 몰입했던 과목은 수학이었다. 기본이 없으면 제일 따라가기 힘든 과목인 만큼 개념을 정립하는 데 힘썼다. 3년 치 수학 공부를 한 번에 하려니 버거웠지만, 이번 겨울방학은 죽어 보자는 생각으로 일주일에 한 학기 분량의 수학을 풀 정도로 치열하게 공부했다.

고등학교 들어와서는 첫 시험에서 30등 정도를 했다. 성적이 엄청 오른 것이다. 우리 학교는 상위 30명 남짓의 학생들을 모아 심화반이라는 특별 관리 반을 꾸렸는데, 따로 독서실 자리도 주고 선생님들의 특별 수업도 받을 수 있었다. 나는 더욱 철없는 욕심이 생겼다. 막장으로 놀던 내가 심화반에도 들어왔는데, 공부하는 김에 스카이는 가야 되지 않나 하는….

몰입 속에서 비로소 꿈을 찾다

구체적인 꿈은 없었지만 고1을 지내고 나니, 나는 과학을 좋아한다는 걸 깨닫고 이과를 선택하게 됐다. 조급할 것 없었다. 공부에 몰입하니 점점 내가 잘하는 것과 좋아하는 분야가 구체화되기 시작했다.

고2 때까지도 부족한 수학을 따라잡는 것과 내신 관리에 모든 노력을 쏟았다. 또한 학생부 전형을 노리기로 결심했기 때문에 내신, 생기부, 수능 등급 관리가 필요했다. 특별히 생기부에서 차별성을 둘 수 있고 다양한 분야에 대한 식견을 넓히기 위해 교내에 없던 과학 시사 탐구 동아리를 만들어 회장을 맡았다.

과학 시사 토론반에서는 『과학동아』, 『뉴턴』 같은 과학 잡지를 읽고 두 명씩 팀을 이뤄 관심 주제에 대한 탐구를 한 후 프레젠테이션 및 토론을 주최하는 것을 기획하고, 시험 기간을 제외하고는 매주 발표를 했다. 나는 우주 미립자, 수질 오염, 불산 누출, 유전자 변형 등 최대한 다양한 분야로 선정했다. 그러던 중 가슴이 뛰는 분야를 발견했는데, 그것이 바로 친환경/에너지 분야였다. 과학 잡지를 통해 환경 오염의 심각성에 대해 인지하게 되었고, 지구에 해가 되지 않는 에너지 생산, 소비 방법에 대해 깊게 탐구하고 토론했다.

친환경 에너지 분야에서 부각되지 않았지만 아주 중요한 기술 중 하나는 에너지를 저장하거나 에너지를 사용할 때 높은 효율을 유지할 수 있는 소자 기술이라는 것을 알게 되었다. 비로소 나는 진로를 정할 수 있었다. 인간의 편의를 유지하면서도 환경 오염을 줄일 수 있는 친환경 에너지 관련 공부를 하고 싶었다. 이와 관련한 학문을 공부할 수 있는 연세대학교 신소재공학과에 입학할 것이라 마음먹었다.

구체적인 목표가 생기니 공부에 더욱 몰입하게 됐다. 고2 중간고사 이후로 정말 시간을 아깝게 여기고 절박하게 공부했다. 밥 먹는 시간,

걸어가는 시간, 친구하고 떠드는 시간, 자는 시간이 너무나 아깝게 느껴졌다.

한 번뿐인 이 시기, 치열하게 싸워 이겨 보자!

고2 때부터 쭉 나는 10반이었다. 긴 건물의 맨 끝 반이었기에 화장실과 교무실은 나에게 너무나 먼 곳으로 느껴졌다. 교무실로 질문하러 가는 시간이 아까워 석식을 먹으러 가기 전까지 모든 질문을 포스트잇으로 표시해 놨는데, 교무실로 향할 때의 내 교과서와 문제집의 옆면은 마치 사자의 갈기처럼 빈틈없이 빽빽하게 포스트잇이 붙어 있었다. 게다가 복도를 걷는 시간이 너무 아까워서 두꺼운 책들을 안고 복도를 뛰어다니기도 했다. 교무실 문을 열면 선생님들께서 "심민영 왔다! 쟤가 한 번 질문하러 오면 내 자유시간은 없는 거야."라고 장난스럽게 탄식하실 정도였다.

심지어 쉬는 시간에 복도를 지나는 시간이 아까워 화장실을 참기도 했다. 체육 시간에 운동장으로 나갔을 때에도 나도 모르게 손에는 항상 샤프가 들려 있을 정도로 손에서 샤프를 놓지 않았다.

지금 생각하면 유난스럽지만 정말 절박했다. 스톱워치로 매일매일 시간을 재니 금요일까지는 수업을 제외하고 순수 자습시간만 기본 8시간은 됐으며 주말에는 14시간 이상 공부했다.

중·고등학생 시절부터 지금까지도 내 좌우명은 '말하는 대로 이루어진다.'이다. 선포의 힘은 대단하다. 심화반 독서대에 연세대 사진을 붙이고 공부하기 전에 항상 "나는 연대 붙었다!"라고 세 번씩 꼭 외치고 공부를 시작하곤 했다. 결국 고2 2학기부터 전교 1등을 하게 됐고, 연세대학교 신소재공학과에 합격하게 됐다.

겁 없는 도전,
나 홀로 배낭여행 그리고 선명해진 나의 꿈

공부에 몰입했던 고등학생 때의 경험은 이후 삶의 태도와 가치관에 영향을 미쳤다. 늘 도전적인 목표를 세우고 행동으로 옮겼다. 대학교 2학년 과정을 마치고 무전여행에 가까운 배낭여행을 떠났다. 시베리아 횡단열차로 러시아를 횡단하면서 열차 안에서 북한 아저씨들과 눈물의 작별 인사를 나누기도 하고, 러시아 할머니에게 직접 러시아어를 배우기도 했다. 유럽 전역의 현지 가정집에 머물며 그들과 소통하고 대가를 바라지 않는 사랑을 받기도 했다. 그들과 문화와 가치관을 공유했으며, 다양한 분야의 사람들을 만나서 대화했다.

여행 막바지에는 사람들과 소통하고 융화시키는 데 재능이 있다는 것을 느끼고, 내 전공과 접목하여 여러 분야의 사람들과 협력을 통해 친환경 기술을 구현할 수 있는 기획자가 되어야겠다는 결심이 섰다. 110일에 걸친 나의 도전은 사람을 대하는 나의 가치관과 태도를 바꾸게 한 소중한 시간이었으며, 나의 진로를 선명하게 그리게 된 꿈같은 날들이었다.

복학한 후에는 이론으로만 배운 내 전공을 실험실에서 깊게 배우고

싶었다. 대학원 인턴을 하기에는 이른 학부 3학년이었지만, 전공 교수님의 도움으로 자교 스핀소자 연구실에서 1년 넘는 기간 동안 인턴과 학부 생활을 병행하며 용돈도 벌 수 있었다.

신소재공학과에서 배울 수 있는 재료들 중에서는 반도체, 철강, 바이오재료 등이 있다. 대부분의 학생들은 하나의 전공을 정하고 그와 관련된 수업만을 듣는 것이 보통이었다. 예를 들면 대부분의 학생들은 취업이 잘되고 연봉이 높은 산업군인 반도체 전공을 선택하고 반도체 소자를 만드는 회사(ex. 삼성반도체)를 목표로 공부했다.

하지만 나는 친환경 기술을 기획하는 데 하나의 재료뿐 아니라 다양한 재료에 대해 두루 알고 적용할 수 있어야 한다고 생각했기에, 최대한 다양한 재료 전공 수업을 들었다. 특히, 그중 수소 연료전지 및 배터리 소재에 매력을 느끼고 친환경 전기 자동차 산업에 뛰어들고자 마음먹게 되었다.

"식사는 하셨어요?", 협업할 수 있는 사람

공과대학 학부 졸업을 앞두고 현대모비스 전동화BU 기획/전략 직무 취업을 목표로 준비했다. 선배들 말을 들어 보니 공과대학 학사 졸업장으로는 기획/전략 직무 취업이 어렵고 지금까지 뽑힌 사람도 굉장히 드물다고 했다. 잠시 엔지니어 직무로 방향을 돌려야 하나 고민했지만, 마음을 다잡고 여태 했던 직무 관련 활동들을 정리하고 나만의 강점을 찾으려고 노력했다.

그러던 중 학교에서 열린 취업 박람회에 현대모비스 부스가 있는 것을 보고 길게 늘어선 대기 줄 맨 뒤에 섰다. 줄이 천천히 줄어들고 내 차례가 됐다. 부스에 앉아 상담을 해 주고 계신 담당자님과 얼굴을 마주 보고 앉았는데, 대기를 기다리는 나도 이렇게 지치는데, 쉼 없이 상담을 하고 계신 담당자님은 얼마나 힘들까 싶어서 앉자마자 이런 말이 나왔다.

"힘드시죠. 식사는 하셨나요?"

그러자 담당자님의 얼굴에 화색이 돌았다. 상담을 와서 이렇게 말을 건네는 학생은 내가 처음이라고 하시며 박수를 치셨다. 그 후 내 전공과, 전기차 관련하여 공부한 것, 원하는 직무에 대한 고민을 말씀드리는데, 담당자님께서 슬쩍 명함을 건네시며 서류를 접수하게 되면 바로 연락을 달라고 하셨다.

나중에 들은 이야기이지만, 협업이 주요 업무인 전략 직무 특성상, 다른 사람을 배려하는 자세가 몸에 배어 있고 공학적 지식이 기반되어 있는 내가 인사팀 담당자님 눈에는 인재상과 부합했다고 한다. 그래서 서류 전형 프리 패스를 시켜 주시고자 연락처를 주셨던 것인데, 내가 낸 자소서와 서류들이 이미 다른 지원자들에 비해 경쟁력이 갖춰져 있었기에 따로 프리 패스는 필요하지 않았다고 한다.

심지어 영광스럽게도 나의 이야기가 담긴 자소서는 인사팀의 모범

자소서 샘플로 등극되었다는 후문이 있다. 대학 생활을 하며 익히게 된 타인과 소통하는 방식과 친환경 기술 관련한 나의 발자국들이 다행히도 내가 제일 가고 싶었던 회사의 인재상과 맞닿았던 것이다.

전기차 기술전략팀 만년 막내 연구원으로 살기

올해로 입사 4년이 되는 해이다. 전기차 부품 기술 전략을 수립하는 일을 하고 있다. 우리 연구소는 환경오염을 유발하는 내연차를 대체하는 전기차에 들어가는 구동 시스템, 전력변환 시스템, 배터리 시스템, 연료전지 시스템, 그리고 하늘을 나는 자동차 AAM 등을 연구하고 있다. 우리 팀은 각 기술의 글로벌 동향을 파악하고 단기·중기·장기 제품/기술 로드맵을 수립한다. 전기차 기술 분야에서 First Mover, Fast Follower가 되고자 바쁘게 일한다.

현재 연구소에서 진행하고 있는 프로젝트를 올바른 방향으로, 일정에 맞게 진행될 수도 있도록 연구원들에게 피드백을 주기도 하고, 해외 연구소와의 협업도 도모하고 있다. 이 과정에서 공학적 지식을 바탕으로 하여 많은 부서들과의 협업이 필요한데, 이때 팀 내 유일한 여성 팀원이자 4년째 막내 역할을 도맡은 나는 주로 의사소통을 담당하고 있다.

우리 팀은 업무 특성상 막내인 내가 다른 팀 팀장급 이상의 분들에게 업무를 요청하거나 동등한 위치에서 논의해야 하는 자리가 많다. 이때, 상대의 기분이 상하지 않도록 부드럽게 그러나 단단하게 의견을 전달해야 한다. 또한, 공학적인 지식이 부족한 연구소 외 팀과 소통할 때는 최대한 연구소의 기술적 견해를 이해하기 쉽게 설명해야 한다.

또한, 배낭여행객 시절 현지 친구들과 영어로 의사소통하며 길러 온 (부족한) 영어 회화 실력으로 해외 연구소 사람들과 협업을 논의하거나 해외 전시회에서 우리의 기술을 글로벌 완성차 임원들에게 소개하고 논의하는 일도 도맡아 하고 있다. 물론 처음엔 업무들이 부담되고 버거웠다. 하지만 못할 것은 없었다. 노력하면 될 것을 믿고 업무에 몰입했다. 점점 하다 보니 자신감이 생기고 종종 상사들에게 인정도 받으니 더욱 업무를 하는 데 신이 났다. 이젠 글로벌 협업 업무는 모두가 믿고 맡기는 전문 분야가 되었다. 아직 부족한 점은 많지만 말이다.

전기차 기술은 더욱 발전되어야 하며, 지금도 발전 중이다. 이제 막 성장하는 전기차 산업과 나의 커리어가 함께 가고 있다고 생각하면 참 뿌듯하다. 하지만 나는 이 산업이 내 커리어의 종착지라고 생각하진 않는다. 이곳에서 몰입하다 보면 또 다른 도전이 있을 것이고, 또 스스로 미래를 잘 설계할 수 있을 것이라 믿는다.

불가능이란 선택지를 두지 않고 몰입해서 치열하게 원하는 목표를 이루고, 그 과정에서 꿈을 찾았던 고등학생 시절과, 많은 사람들을 만나고 소통하며 세상을 보는 시각을 넓혔던 배낭여행하던 시절의 경험을 자양분 삼아서 지금의 나를 만들었다. 앞으로도 더욱 발전할 공학도이자 전략가로서의 나의 미래를 기대한다.

⚙

컴퓨터의 '컴' 자도 모르던
여고생이 AI 개발자로

원 세 연

KT 융합기술원 수석연구원

동덕여자대학교 전산학과에서 학위를 취득한 후, 2001년부터 23
년간 현업에서 SW개발자로 열심히 일하고 있다. 현재 KT 융합
기술원에서 수석연구원으로 초거대 AI 연구를 담당하고 있다. 또
한 여성 공학도를 꿈꾸는 두 딸아이의 엄마이기도 하다.

이야기를 시작하며

처음 원고 청탁을 받았을 때 여러 공학 분야에서 뛰어난 이력을 갖고 계신 여성 리더분들에 비해 부족한 점도 많고 글재주도 없는 편이어서 여러 차례 고사했습니다. 여러 차례 권유하신 부장님께서 여성공학도를 꿈꾸는 여중·고생들에게 주로 읽히는 짧은 글이니 부담 갖지 말고 써 달라는 부탁에 마음이 흔들렸습니다. 저 자신도 여고·여대를 나왔고 이제는 공학도를 꿈꾸는 두 딸아이의 엄마이기도 하기에 두 딸과 그 친구들에게 제 경험을 들려준다는 생각으로 용기를 내 보았습니다. 저보다 성공한 많은 여성 엔지니어들이 계시겠지만, 제 나름대로 현업에서 23년간 열심히 달려온 과정을 글로 나누고자 합니다.

컴퓨터에 '컴' 자도 모르는 여고생, 전산학과에 진학하다

저는 97학번인데 97년 당시에는 컴퓨터가 가정에 보급되지 않았기에 컴퓨터가 없는 집도 많았습니다. 저도 대학교에 들어가기 전까지 컴퓨터를 만져 본 적도 없는 여고생이었습니다. 대학 진학 당시 제가 전공을 고른 기준은 졸업 후 취업이 잘되는 학과였고, 그 당시 전산학과의 졸업 후 취업률이 거의 100%인 것을 보고 전산학과에 지원했습니다.

지금은 대다수의 대학교에서 '전산학과' 대신 '컴퓨터공학과'로 바뀌었지만, 그 당시만 해도 컴퓨터를 전자계산기로 부르던 시대였기에 전산학과라고 불렸습니다. 전산학과가 컴퓨터를 배우는 학과라는 것을 입학을 하고서야 알았을 정도로 전산학에 대해 무지한 상태로 입학했습니다. 컴퓨터의 '컴' 자로 몰랐지만, C 프로그래밍, 알고리즘 등 기초 과목을 배우면서 입력한 명령대로 명확하게 결과가 나오는 과정이 단순하고 명확한 걸 좋아하던 제 성격과 잘 맞았던 것 같습니다.

프로그래밍을 하다 보면 순간적으로 집중하게 되었고, 결과를 만들기 위해 다양한 시도를 거치다 보면 몇 시간이 훌쩍 지나가도 모를 만큼 집중할 수 있었습니다. 아무것도 모른 채 입학했지만 저도 모르게 컴퓨터 프로그래밍에 재미를 느끼면서 집중해서 빠져들었고, 대학교 4년 내내 학과 수석을 놓치지 않을 만큼 열심히 또 재밌게 공부했던 시기였습니다. 대학 친구들과 스터디를 만들고 매주 모여서 이런저런 프로그램을 짜 보면서 기본기와 자신감을 쌓을 수 있었던 시간이었습니다.

단말기를 내 손으로 만든다는 보람

2004년 KT의 그룹사인 KT Tech에 입사하면서 KT인이 되었는데, 당시는 모바일 열풍이 불면서 단말제조사에서 많은 인력을 구하던 시기였습니다. 저는 단말의 펌웨어와 어플리케이션 사이 레이어인 프레임워크를 개발하는 업무를 담당하였는데, 하나의 단말을 출시하기 위해 백여 명이 하드웨어부터 기구, 프레임워크와 어플리케이션까지

5~6개월을 매달려야 하는 업무였습니다.

각각 다른 업무를 수행하지만, 일정에 따라 상품을 기획하고 단말의 하드웨어와 기구가 구성되고 그 기구에 운영시스템을 올리고 앱을 구성하는 일을 하면서 여러 사람이 하나의 작품(핸드폰)을 만들기 위해 협업하고 소통하는 소중한 경험을 쌓을 수 있었습니다. 제가 만든 핸드폰이 인기를 끌고 많이 판매되면 뿌듯했고, 지하철에서 제가 만든 폰을 사용하는 사람들을 볼 때마다 신기함과 뿌듯함을 느꼈습니다.

출시되기까지 일정에 쫓기는 긴장된 시간을 보냈지만, 약 6개월 주기로 하나의 제품을 합심해서 만들어 내고 그 결과물이 완성되는 과정에서 큰 성취감을 느낄 수 있었습니다. 또 안 될 것 같은 촉박한 일정 내에서도 많은 사람들이 함께 최선을 다하면 결국 시간이 지났을 때 완성된 결과를 얻을 수 있다는 믿음도 생긴 시기였습니다. 그때 생긴 믿음과 자신감이 지금까지 어려운 상황을 맞닥뜨렸을 때 최선을 다해 조금씩 앞으로 나가다 보면 결국 해낼 수 있다는 생각의 뿌리가 되었습니다.

KTTech에서 KT로

2012년에 KT가 단말제조 사업을 접으면서 모회사인 KT에서 KTTech의 인력을 흡수했는데, 그 당시 1년 정도 연봉에 해당하는 위로금을 받고 희망 퇴직하는 것과 KT로의 재입사 두 가지 중 하나를 선택할 수 있는 기회가 주어졌습니다. 당시 30대 중반이던 저는 삼성전자나 LG전자처럼 유사 업무를 할 수 있는 단말 제조사로 이직할지, 다양한 분야를 경험할 수 있는 KT로 재입사할지 무척 고민했습니다.

결국 친구들을 따라 KT로의 재입사를 선택했지만, 입사 초반에는 단말제조처럼 한 가지 분야만 깊게 개발하는 업무에서 다양한 분야의 서비스를 연구·개발하는 KT에서의 업무로 적응하기 어려웠습니다. KT연구소는 프로젝트 기획부터 개발, PoC 구현, 결과에 대한 프레젠테이션까지 처음부터 끝까지 직접 해내야 하는 제너럴리스트를 요구했습니다.

대학을 졸업하고 10년 이상 모바일 관련 개발 업무만 해 왔던 터라 개발 외에는 별 경력이 없었던 저로서는 매우 이질적인 업무였습니다. 재입사 초반에는 내가 이런 것까지 직접 해야 하나 하는 회의감도 있었지만, 1~2개의 프로젝트를 전체적으로 경험하면서 개발 외에 다른 영역에 대해서도 점차 넓은 시각을 갖고 리서치하고 설계할 수 있게 되었고, 어떤 분야이든 겁 없이 시도해 볼 수 있는 능력을 키워 주는 시간이었습니다.

단말 개발자에서 빅데이터 분석가로, 빅데이터 분석가에서 AI 개발자로

정말 감사한 점은 23년간 현업에서 다양한 업무를 해 왔고, 여러 업무를 거치는 동안 항상 가장 트렌디한 분야의 기술을 연구하는 부서에 있었다는 점입니다. 모바일 시대에 무선 단말을 제조하고 플랫폼을 개발하는 핸드폰 제조사에 있었고, 데이터가 미래의 석유라고 불릴 만큼 데이터의 중요성이 강조되던 시기에는 KT빅데이터 센터에서 빅데이터를 분석하고 데이터에서 인사이트를 발굴해 내는 업무를 담당했습니다. 또 AI 시대에는 빅데이터를 활용해 모델링하는 업무와 초거대 AI 모델을 학습하고 다양한 영역에서 AI모델을 튜닝하고 적용하는 업무를 담당하고 있습니다.

23년 중간중간 전혀 다른 업무로 전환한 것 같지만, 그 이전에 했던 개발 경험들이 새로운 업무를 하는 데 든든한 기본 밑바탕이 되어 주었습니다. 초거대 AI를 연구하는 지금도 데이터를 빠르게 분석하고 파악하는 빅데이터 분석 능력이 너무 귀중한 토대가 되어 주고 있습니다. 빅데이터와 AI 연구 모두 치밀한 분석력과 꼼꼼한 실험 설계를 요하는 업무인데, 꼼꼼하고 섬세한 여성 연구원들이 많이 배치되어서 중요 업무를 수행하고 있습니다.

AI 태동부터 짧은 시간 동안 엄청난 발전을 해 오는 것을 가장 가까이에서 목격하고 경험하고 있고, 정말 빠른 변화 속에서 새로운 기술을 배우고 접목하고 있는 지금의 경험 또한 미래의 저에게 소중한 자산이 되리라 믿어 의심치 않습니다.

끈기와 근성이 진짜 실력

연구소에는 저보다 좋은 학벌과 커리어를 갖고 있는 사람이 대부분인데, 그 가운데서도 초거대 AI 프로젝트(Project)의 PM으로 팀을 리딩

할 수 있는 것은 23년간 실무에서 쌓은 경험과 새로운 기술에 대처하는 유연성 때문이라고 생각합니다. 아무리 잘하는 사람도 한번에 결과를 이뤄 낼 수 없는 분야이다 보니 계속 고민하고 안 되는 걸 끈기 있게 풀어내는 것이 진짜 실력이기에 결국 포기하지 않고 얼마나 더 시도해 봤는지, 얼마나 끈기와 근성을 갖고 문제를 풀어내는지가 가장 중요하다는 것을 매번 새삼 느끼고 있습니다.

AI 분야가 기술 발전이 아주 빠른 분야이다 보니, 계속 새로운 것을 배우고 시도하지 않으면 안 됩니다. 새로운 것에 대한 호기심과 새로운 것에 빠르게 적응하는 유연함, 그리고 그것을 나의 것으로 만들어내는 끈기와 근성이 제일 중요하다고 생각합니다.

23년간 현업에서 치열하게 일하면서 새로운 것을 두려워하지 않는 적응력, 시작한 일에 대해 끝까지 결과를 보고자 하는 근성이 저도 모르는 사이 차곡차곡 쌓여 갔다고 생각합니다. 지금도 치열하게 무언가를 이루기 위해 노력하는 많은 분들께 힘내고 꼭 끝까지 포기하지 말라는 응원을 해 드리고 싶습니다.

여성 공학도를 꿈꾸는 우리 아이들에게

바쁜 직장 생활 가운데 두 아이를 키우면서 대부분 부모님께 전적으로 맡기고 거의 신경 쓰지 못한 것이 늘 미안하지만, 지금은 다 커서 누구보다 제 일을 지지해 주고 응원해 주고 자랑스러워하는 두 딸들이 있어 너무 든든합니다.

두 딸 중 첫째는 이미 신소재공학을 전공하고 있고, 둘째는 생명공학과 컴퓨터공학 중 진로를 고민하고 있는 예비 여성 공학도입니다. 예전에는 여성과 엔지니어는 잘 어울리지 않는다는 편견도 있었지만, 이제는 많은 선배들이 있으니 걱정 말고 도전하고 주변에 도움을 구하라고 조언해 주고 싶습니다.

빠른 기술 발전 때문에 항상 새로운 것을 배우고 적응해야 하지만 근성을 갖고 도전하고 성취해 낸 경험이 업무에서뿐만 아니라 삶에서도 큰 힘이 될 거라고 말해 주고 싶습니다. 또 당장은 의미 없고 힘들기만 했던 일들도 지나고 나면 모든 경험들이 큰 자산이 된다는 것, 남는 게 없는 도전과 경험은 없다는 것도, 세상에 나가서 새로운 경험을 할 때 긍정적으로 받아들이고 최선을 다해 돌파해 보라는 진심 어린 조언들을 해 주고 싶습니다.

이 글을 쓰면서 23년간 제가 했던 업무들과 생각들을 정리할 수 있는 귀한 시간이었고, 때마다 가장 좋은 길로 나를 이끌어 주신 도우심의 손길을 다시 한번 느낄 수 있는 감사한 시간이었습니다. 지금도 삶의 어려운 결정 앞에서, 또 넘을 수 없을 것 같은 벽 앞에서 두렵고 힘든 시간을 보내고 있을 많은 후배들에게 조금만 더 힘을 내라고, 이 시기가 지나고 나면 한 걸음 더 나아가 있을 거라는 응원을 보내고 싶습니다.

꾸준히 하다 보니
지금의 내가 되어 있었다

지 소 영

삼성물산 건설부문 I-PJT사업팀 팀장(상무)

대학 졸업 후 1994년부터 삼성물산 건설 부문에서 약 30년간 근무하였다. 래미안 아파트 현장에서 근무하였고, 감사팀, 조달실, 하이테크 등 다수 부서를 거쳐 삼성물산 건설 내부에서 최초 여성 임원으로 승진했다. 현재 도시개발프로젝트의 현안을 해결하여 임원으로서의 역할을 수행하면서 여성 후배 양성에 많은 관심을 가지고 있다.

그저 그런 건축과 출신의 건설회사 여자 이야기

나는 내가 대학을 들어갈 때만 하더라도 미래의 나는 선생님이나 조금 더 유명해지자면 교수님 정도를 생각했다. 그런데 나는 지금 건설업체의 여성 임원으로 근무 중이다. 그것도 남성 위주의 건설회사에서 내부 승진한 첫 여성 임원이라는 상징적인 의미도 가진 상태로 말이다.

솔직히 이 글을 쓰기 전까지는 크게 생각하지 않는데 글을 쓰면서 '과연 나는 이렇게 되기 위해 어떻게, 무엇을 하면서 살아왔을까?'를 생각해 보며 그러한 것들을 여성 후배들에게 나눠 보고자 한다.

배움의 재미가 긴 시간을 즐기게 해 주다

회사에서 갤럽에서 하는 강점 테스트를 한 적이 있는데 1등 강점이 배움이었다. 사실 생각해 보면 나는 새로운 것들을 배우는 데 크게 거부감이 없었고 그러한 상태에서 제일 신나고 재미있어했던 것 같다. 대학에서 건축과를 전공할 때도 마찬가지였다. 과제마다 그 특성이 달랐고 매번 처음 대하는 느낌으로 공부를 했다. 당연히 재미있어했고 잘 해냈다.

회사에 입사해서는 매번 사이트가 바뀌는 건설업의 특성상 매번 새로웠다. 상품이 새롭고 환경이 새롭고 이해관계자가 새롭고 하는 일이 새로웠다. 그래서인지 현장 6개를 수행하면서 지루했던 적이 없었고,

매번 모범 현장이나 최초 적용 현장으로 특이한 일들을 많이 해낼 수 있었다.

주택 현장에 있다가 조달 업무를 처음 맡게 되었다. 현장 수행하면서 간접적으로 경험은 했지만 직접 업무를 하는 것은 처음이다 보니 처음엔 굉장히 어려웠다. 거기다가 주택상품에는 없는 철강재 관련 업무였다. 직접 제작사들을 만나고 국내뿐 아니라 해외 업체들도 만나고 제품 관련 전문지식도 알아야 되는 상황에서 지식뿐만 아니라 언어까지 많은 한계에 부딪혔다. 그런데 역시나 재미있었다. 어려운 만큼 내가 혁신을 하고 뭔가를 바꿀 수 있는 부서에 있다는 것이 좋았다. 이제 더 이상은 처음 하는 것에 겁내거나 많은 업무량에 겁낼 필요가 없었다.

재미를 이겨 낼 수는 없는 것 같다. 이처럼 재미를 느꼈기에 배우는 것이 좋았고, 건설업이라는 남성 위주의 녹록하지 않은 환경에서 긴 시간을 지낼 수 있었다.

실력은 기본, 체력은 당연

사회생활을 시작하고 제일 먼저 느낀 것은 체력의 한계였다. 당시 삼성은 고 이건희 회장님의 신경영 선포로 인해 '인재제일'이라는 경영 이념을 바탕으로 여성 인력에 대한 채용 비율을 늘리던 때였고 삼성물산 건설은 채용한 여성 인력을 예외 없이 현장에 배치하는 기준을 가지고 있었다.

1994년 입사 시 맨 처음 발령받은 곳은 아파트 현장이었고, 당시 토요일 오전까지 근무하던 다른 회사와는 달리 주 7일 근무와 현장이라는 특성상 활동량이 많을 수밖에 없어서 과연 나는 이걸 얼마나 할 수 있을지 고민했다. 그래서 운동도 열심히 하고 보약도 챙겨 먹었다. 그래서 후배들에게 이야기해 준다. 오랜 직장 생활의 비결은 체력이라고.

물론 기본적으로 삼성에 입사한 정도라면 실력은 갖췄다는 전제가 붙긴 하겠다. 실력은 항상 발전해야 한다는 특성을 가지고 있다. 처음 입사했을 때는 누구나 신입이라는 명제하에 인력을 대하기 때문에 몰라도 괜찮다. 그때를 잘 활용해야 한다. 모른다고 여길 때 내 실력을 쌓아 나가기 위해 많이 부딪히고 많이 물어보고 물어볼 사람들을 알아가는 시간을 가져야 한다.

여기서 네트워킹에 대한 이야기를 조금 하고 싶다. 알고 있고 가르쳐 줄 수 있는 사람을 알아 가는 것이 네트워킹이다. 그러기 위해서는 일단 많이 만나 봐야 한다. 그래야 옥석을 가려낼 수 있다. 만남은 밥을 먹거나 술을 마시는 것도 있겠지만 협의나 회의를 통해서도 이루어지고, 내가 먼저 용기 내어 질문하면서 관계를 맺을 수도 있다. 누군가는 이런 것에 용기가 필요 없는 사람들도 있지만 용기가 필요한 성향의 분들은 반드시 용기 내어 노력해야 한다.

그런 부서에 가서 일하려고 노력하는 것도 중요하겠다. 삼성은 관리기능이 강한 만큼 감사팀에 대한 역량이 두드러지는데, 나에게 그 팀에서 일할 수 있는 좋은 기회가 왔다. 이 기회에는 내가 오랫동안 현장에서 근무한 여직원이라는 부분이 강점으로 작용했다. 이처럼 남들이 선호하지 않는 곳에서 경력을 쌓는 것이 나중에 내게는 또 다른 이점으로 작용하기도 한다.

감사팀은 사업부나 상품을 구분하지 않고 일을 하고 나아가서 그룹의 타사를 들여다보는 기회를 갖기도 하므로 내게는 다양한 업무를 배울 수 있는 기회와 다양한 사람들을 만날 수 있는 기회를 주었다. 물론 365일 중 340일을 일할 수 있게 하는 과중한 업무량도 주었지만. 성향이 그렇지 않다면 이런 부서를 가기 위해 노력하는 것도 방법이겠다.

또한, 입사 때부터 박사님으로 시작하는 사람들도 있겠지만 그렇지 않은 경우 중간에 대학원 진학을 추천한다. 회사를 관두고 할 수도 있겠지만 야간이나 단기 과정도 좋다. 나는 건축학과와는 조금 결이 다른 부동산대학원을 진학했다. 당시 하고 있던 업무가 입찰관리이기도 했고 관련된 지식을 쌓으면 좋겠다고 시작했는데 가 보니 지식 축적은 셀프이고 그러한 지식을 가지고 있는 사람들을 소개해 주는 시스템이었다.

5학기 동안 회사 다니면서는 만나지 못할 사람들과 많은 소통을 하면서 실력도 쌓는 좋은 경험이었다. 그러한 과정들은 대학 졸업 이후 방전된 나를 다시 충전하게 하고, 또 다른 인맥을 쌓게 하기도 한다. 정식학사 코스가 아니라면 단기 과정도 좋겠다. 쉼을 주기도 하기 때문이다.

삶을 잘 살아 낸 나에게 상도 주고 쉼도 잘 주자

회사 일을 잘하는 것만큼 중요한 것이 잘 노는 것이다. 나는 내 관점에서 잘 논다. 나는 그래서 회사 업무를 잊을 수 있는 나만의 시간을 허락한다.

나는 악기를 좋아한다. 어려서부터 피아노를 해서 그랬는지 다른 악기에도 관심이 많았다. 바이올린을 배우면서 교회 오케스트라에서 연주할 기회가 생겨서 거기에 집중하며 실력을 키우기 위해 바쁜 회사 생활 가운데서 레슨도 받고 연습도 하는 시간을 배정했다. 지금은 오보에를 배우고 있고 아마추어 오케스트라에 참여하여 활동 중이다. 악기는 내가 좋아하는 곡을 연주함으로써 성취감을 주고 스스로의 실력

을 향상시켜 나가는 과정에서 뿌듯함도 준다. 나이가 들어감에 따라 악기 하나 정도는 연주해 보는 것은 어떨까 추천해 본다.

또한, 나는 가방이나 옷보다는 여행에 투자를 많이 하는 편이다. 여행이나 출장으로 벌써 40여 개국을 다녀왔고 일반적인 여행도 하지만 등산도 좋아한다. 안나푸르나나 킬리만자로를 가기 위해 국내 산들도 많이 다녀왔고 정기적으로 다니려고 노력한다. 체력을 기르는 데도 도움이 되어 좋다. 여행은 휴식도 되지만 회사 업무에도 도움을 준다. 새로운 지역에 진출할 때 내가 다녀온 경험은 그 나라를 이해하는 데 도움을 주기 때문이다.

여행은 함께 가는 사람도 중요할 텐데, 나는 그런 부분에서 혼자여도 괜찮았기에 혼자 많이 다녔고 새로운 지역에 대한 두려움도 없어졌다. 다녀오면 언어를 열심히 배우게 되는 계기가 되기도 한다. 가고 싶은 나라를 정리하고 그해에 갈 나라를 미리 정해서 여행을 해 본다면 나름 지도에 색칠하는 재미가 쏠쏠하다. 나만의 힐링, 나만의 지도를 만들어 보는 것은 어떨까?

식상한 말이지만, 즐기는 사람을 이길 수 없다면 나도 즐기자

등산을 좋아하는 나는 주말마다 자주 등산을 하곤 하는데, 그 과정에서 느끼는 몇 가지로 이 이야기를 마무리하고자 한다.

첫째, 속도 조절이 필요하다. 짧은 산행이건 긴 산행이건 나의 능력에 맞는 속도 조절이 중요하다. 처음에 너무 빨리 가면 끝까지 못 가기도 하고 중간에 그만두고 싶어질 수 있다. 너무 늦으면 해가 떠 있는 시간 안에 완주를 못 할 수 있으니까 내 체력에 맞게 잘 배분해야 한다. 직장 생활은 산행과도 같다. 나의 관심과 체력을 잘 배분해서 끝까지 해내 보자. 너무 급할 필요도 없고 조금 뒤처졌다고 못 가는 것도 아니다.

둘째, 쉬운 산은 없다. 하물며 동네 뒷산도 그렇다. 매번 같은 컨디션일 수 없으니까 어떤 날은 정말 쉽게, 어떤 날은 정말이지 죽을 것처럼 산에 올라간다. 생각해 보면 산은 늘 같은 자리 같은 공간을 내어 주지만 가는 사람이 다른 마음으로 다른 체력으로 가기 때문일 것이다. 너무 어렵게만 생각할 필요도 없지만 너무 쉽게 생각해서도 안 된다. 산은 산이기 때문에 최소한의 준비물과 마음가짐이 필요하다는 것이다. 인생도 비슷한 것 같다. 쉬워 보이지만 어려울 때도 있고 어렵게만 보이던 것이 쉽게 풀리기도 한다. 가 봐야 안다.

마지막으로, 꾸준함이 필요하다. 산을 가다가 안 가면 그다음 산행이 아주 힘들게 느껴진다. 매번 가다 보면 내 다리와 내 몸이 등산에 적응되어서 지난번보다는 편안함을 느낀다. 업무도 그런 것 같다. 내 노력을 배반하지 않는다. 꾸준하다 보면 실력도 쌓이고 내공도 쌓이고 눈치도 쌓인다. 쉽게 얻은 것은 쉽게 잃지만, 세월을 배반하지는 않는다.

즐기자. 그것도 인생이니까.

3장

개척

pioneer

희망찬 걸음걸음이 모여
만든 결실

이직이 아닌
천직을 위해 시작한 길에서
한 걸음 내딛으며

구 주 희

메가커넥트 대표

을지대학교 영문과를 졸업하고 사회초년생을 매경 휴스닥㈜ 해드헌팅 사업부에서 시작하였다. 이후 Aon-Korea(재보험) 회사에서 관리부 쪽 업무를 보다 호주로 2년 동안 유학을 하고 돌아와 제약회사를 거쳐 해외 마케팅 및 정부지원 사업을 주관하는 수행사인 이씨플라에서 6년간 근무했다. 그 후, 2021년도에 창업 준비를 하여 현재는 메가커넥트의 대표로서 스타트업을 운영하고 있다.

갈증을 해소하기 위한 선택

아직은 내 스스로가 뿌듯할 만큼의 인생의 업적이란 걸 이뤄 본 적은 없지만, 앞으로 일과 가정에서 조화를 이루며 존재감이 있는 모습으로 발전하고 싶다.

여성 스타트업 대표가 되어: 여정의 시작

처음부터 창업을 준비하는 거창한 계획을 세웠던 건 아니다. 20대 사회 초년생부터 지금까지 업무를 통해 나는 항상 상대보다는 주인 정신이 투철한 생각으로 모든 일을 수행했던 것 같다. 굳이 신경 쓰지 않아야 하는 부분까지도 맡아서 하다 보니 자연스레 업무 능력도 인정받았지만, 결국은 거대한 조직 속의 작은 톱니바퀴에 불과한 나는 효율성이 결여된 부조리한 시스템에 반기를 들며 늘 새로운 곳을 찾아 이직을 했다. 덕분에 많은 업무 경험을 쌓고 팀원 및 상사 또는 후배 직원들과의 업무 소통에 대한 스킬도 배우게 되었다.

'과연 내가 이 치열한 비즈니스 세계에서 이루고 싶은 목표는 뭘까?' 반문하며 어릴 적부터 능동적이고 창의적인 아이였으며 항상 도전적인 상황에 뛰어들기를 즐긴 나의 성향에 '내가 잘하는 것을 더 잘할 수 있는 시스템을 만들어 볼 수는 없을까?'라는 고민이 결국은 창업을 하게 된 계기였다. 그래서 직접 사업을 시작하여 혁신적인 아이디어와 열정으로 사회에 도움이 되는 합리적이고 효율적인 시스템을 만들어 보고 싶었다.

준비 과정: 이직이 아닌 천직을 위해

스타트업 창업을 위해 바로 전 직장을 퇴사하기 2년 전부터 나름의 정보를 모으고 초기 스타트업이 도움을 받을 수 있는 정부 지원 사업도 꼼꼼히 참여를 시도하며, 계획서를 만들고 준비해 왔다. 문과 전공자인 나는 절대 IT 기반 플랫폼 비즈니스의 세계로 나아갈 것이라고 생각하지 못했지만, 개성과 창의성 사이의 간극을 줄이는 독특한 비즈니스 서비스를 창출하고 싶다는 욕심이 내내 머릿속에서 느낌표로 자리 잡고 있었다.

그러던 중 스타트업 정부 지원 멘토링 사업에 선정되어, 그중 IT 분야의 전문 멘토를 만나게 되면서 그 짧지만 소중했던 시간들이 지금까지 올 수 있는 원동력이 되어 주었다. 그리고 창업을 위한 지식과 기술을 습득하기 위해 창업 콘퍼런스와 세미나에 참석하며 적극적으로 네트워킹을 시도하였다.

하지만 가장 중요한 것은 내 내면의 열정과 결단력이었다. 스타트업은 절대 쉬운 길이 아니며, 여러 경제적인 어려움과 난관을 마주할 수밖에 없다. 지원하는 정부사업 도전의 실패에도 불구하고 내가 가진 비전을 향해 끈질기게 나아갈 수 있는 지치지 않는 강인함을 기르는 것이 중요하다고 생각했다.

도움을 받은 정부 지원 사업

• 창업 멘토링 프로그램 참여

스타트업을 시작하며 창업 멘토링 프로그램에 선정되어 프로그램을 진행하게 되면서 다시 한번 이렇게 준비할 수 있는 기회가 생겼다는 시간이 너무 감사하게 느껴졌다. 이 프로그램은 정부가 지원하는 스타트업 창업을 준비하는 사람들을 위한 멘토링 프로그램으로, 기본적인 창업 지식부터 경영 전반에 이르기까지 다양한 분야에서 전문가들의 실전 강의와 컨설팅을 받을 수 있다.

이를 통해 내 전문 분야가 아닌 IT 기반 서비스를 준비하는 개념 및 초기 기반 세팅을 어떻게 잡아가야 하는지 등 부족한 부분에 필요한 기본 지식과 전략을 습득할 수 있었으며, 또 나 같은 비전공자가 새로운 분야로의 창업을 준비하는 데 있어서 많은 정보와 기준이 되는 개념들을 얻을 수 있는 좋은 기회가 되었다. 또한 프로그램을 통해 다른 창업자들과의 교류 및 네트워킹 기회도 얻을 수 있었다.

• 자금 조달을 위한 정부 지원금

스타트업을 준비하는 모든 사람들은 창업 초기 자금 조달이 가장 큰 어려움이라고 생각한다. 그래서 정부 지원 사업 중에서도 스타트업에 재정적 지원을 제공하는 프로그램을 찾아보고 이를 위한 사업계획서 작성 준비를 하기 시작했다. 유료 문서도 구매해 보고, 인터넷에서 찾아볼 수 있는 정보들도 최대한 활용하며, 최종적으로 무상 지원보다는 대출 형식의 보증을 통한 자금을 활용해 볼 수 있는 기회를 만들었다. 초기 스타트업이 매출도 없는 상태에서는 진짜 큰 수확이었다. 이를 통해 나는 플랫폼 개발 자금을 조달하고 사업장 초기 세팅에 필요한 비용을 충당할 수 있었다.

  • 시장 조사와 경쟁 분석

IT 기반의 스타트업을 준비하면서, 시장 조사와 경쟁 분석이 자금 조달 다음으로 어려운 부분이었다. 초기에는 시장을 제대로 파악하지 못해 기존의 오프라인 서비스의 단점을 보완하는 신규 온라인 서비스가 적합한 시장을 찾을 수 있을까 하는 우려가 있었다. 현대의 글로벌화된 세상에서 기업들은 국경을 넘어 기회를 찾고 국제 무역은 경제 성장의 중요한 측면이 되었다.

나는 기존의 오프라인에서 해외 바이어를 연결하는 형식적인 수행 프로세스에서 벗어나 좀 더 정확하고 클라이언트에 최적화된 맞춤형 수출 파트너를 찾아 해외 바이어를 국내 판매자와 연결시켜 주는 서비스를 구현하고 싶었다. 이 비전을 실현하기 위해 시장 분석, 경쟁사 연구, 그리고 혁신적인 솔루션 개발에 대한 포괄적인 여정을 이제 막 시작했을 뿐이다.

플랫폼의 개발에 앞서, 해당 서비스에 대한 수요와 잠재력을 파악하기 위해 나름의 시장 분석을 진행했다. 국제 무역의 현재 동향, 국경을 넘는 거래의 규모, 그리고 글로벌 확장을 추구하는 기업들의 선호도를 조사하였으며, 성장 잠재력이 높은 특정 산업과 지역을 자세히 살펴보았다.

시장 분석 과정에서 다양한 출처로부터 신뢰할 수 있는 데이터를 수집하는 데 또 한 번의 어려움이 있었고, 이번에도 정부 지원 사업인 데이터 바우처 사업을 지원하였다. 다행히 수행업체를 잘 선택한 덕에 내가 미처 생각지도 못한 부분까지 보완 가능한 데이터를 수집할 수 있었다. 국가 간의 문화와 법률적 차이로 인해 정확한 통계를 비교하기 어렵기도 했지만 이러한 어려움을 극복하기 위해 기존의 업무 관계로 교류를 해 오던 국제 무역 에이전시와 협력하고, 잠재적 사용자들에게 설문 조사를 실시하여 중요한 정보들을 수집할 수 있었다.

온라인 플랫폼 산업에서는 경쟁이 매우 치열하다. 또한 내가 목표로 하는 맞춤형 수출파트너 연결 플랫폼은 기존의 오프라인 주요 경쟁사를 파악하고 그들의 장점과 약점을 분석하여 비슷한 서비스를 제공하는 기존 플랫폼들이 있는지, 있다면 어떤 방식으로 온라인에서 프로세스를 만들어 가는지를 연구하는 부분이 중요했다.

사용자 인터페이스, 기능, 고객 지원 및 비용 해외 무역 거래의 리스크 등을 다각적인 면에서 살펴보았다. 또한, 그들의 서비스 범위와 해외 바이어 및 판매자들의 요구를 얼마나 효과적으로 충족시키는지를 평가해 보았다.

• 인재 채용과 팀 빌딩

지금까지, 아니 올해까지는 나 혼자 기획하고 만들어 가는 과정이었다. 하지만 앞으로 인재 채용 및 팀 빌딩을 통한 보다 전략적인 준비를 해 나갈 생각이다. 앞으로도 성장하는 단계에서 인재 채용과 팀 빌딩이 또 하나의 고민거리가 되겠지만, 더군다나 경쟁이 치열한 시장에서 우수한 인재들을 스타트업으로 유치하는 것은 쉽지 않다. 그러나 나는 채용 과정에서 창업가의 비전과 가치를 공유하는 인재들을 발굴하고 조직 내 문화와 업무 환경을 개선하여 직원들의 만족도를 높이고, 협력과 소통을 강화하는 방안을 모색 중이다. 나의 팀은 더욱 강력하게 성장하고 협력하여 스타트업을 성공으로 이끌 수 있기를 소망한다.

미래의 비전:
다양성과 혁신으로 인한 성공

내 스타트업이 아직 초기 단계라 할지라도, 앞으로의 비전과 경영 철학은 이미 구체적으로 그려져 있다. 나는 다양성과 포용을 존중하는 기업문화를 조성하고 싶다. 내 회사는 모든 구성원이 서로 다른 배경과 관점을 가지고 있음을 인정하며, 각자의 강점을 최대한 발휘할 수 있는 환경을 제공할 것이다. 특히 여성들과 소수자 집단들의 창의성과 능력을 존중하고 지원하여, 그들이 비즈니스 현장에서 더 많은 기회를 얻을 수 있도록 돕겠다.

또한, 기술과 혁신을 통해 사회에 긍정적인 영향을 끼치고 싶다. 지속 가능한 솔루션과 사회 문제 해결에 기여하여, 기업의 성장과 사회적 가치 창출을 동시에 추구하는 것이 목표이다. 새로운 기술과 아이디어를 도입하고 적용함으로써 시장에서의 경쟁력을 강화하고, 사회 문제들에 도전하는 것이 내 비즈니스의 핵심 가치가 될 것이다.

결론적으로 창업 스토리를 에세이 형식으로 만들어 볼 수 있겠냐는 제안을 받은 것도 정부 지원 사업 프로그램의 멘토링을 받으며 알게 된 IT 전문 박사님을 통해서였다. 사실 글재주도 없고, 이제 막 첫 걸음을 걷기 시작한 초보 창업자에게 무슨 거창한 히스토리는 있을 리 없고, 다만 나 같은 여성 창업가의 길을 고민중인 열정 많고 도전적인 미래의 여성 CEO를 위해 내가 준비했던 과정이 도움이 된다면 얼마든 협조하고 싶은 마음에 글을 쓰기로 했다.

그런데 6월 말부터 본격적인 오프라인 사무실 세팅에 들어가며 꽤 바쁜 여름을 보내게 된 게 원고 제출 마감 시간이 다 된 시점이라, 부랴부랴 아웃라인만 잡아 둔 내용에 살을 붙이며 정리를 하게 되었다.

다시 언급하지만 스타트업을 준비하는 과정에서 정부 지원 사업으로부터 많은 도움을 받았으며, 이를 통해 초기 자금 조달과 창업 지식 습득에 큰 도움을 얻을 수 있었다. 물론 극복해야 할 어려움들도 있었고 앞으로 더 많은 난관들이 있을 테지만, 꾸준한 노력과 인내로 이를 충분히 극복해 나갈 수 있으리라 확신한다.

스타트업을 준비하는 모든 창업자들에게는 정부의 지원을 적극 활용하고, 다양한 어려움들을 극복해 나갈 수 있는 힘과 자신감을 바라며, 여성 사업가가 가져야 할 경쟁의 모습은 다양한 영역에서 보일 수 있다는 점을 다시 한번 고민해 보기를 바란다. 전통적으로 남성이 많았던 기술 분야에서도 여성 사업가들은 자신의 강점을 발휘하여 혁신적인 솔루션을 제공할 수 있고, 새로운 시장을 창조하거나 기존의 경쟁시장에서 충분히 우의를 다투는 기회를 잡을 수 있을 것이다.

나 또한 그런 마인드에서 출발했고 현대는 점차 IT기술의 영역에서 모든 것들이 돌아가는 시대가 올 것임이 분명하기에 특히나 남성 사업가가 대부분인 IT시장에서 여성 사업가가 가져야 할 경쟁의 모습은 강인함과 창의성, 그리고 협력의 정신이며 남성 기업인들과 동등한 기회를 얻기 위해 더욱 노력해야 한다고 생각한다.

우리는 동료 사업가들과 협력하여 새로운 기회를 발견하고, 함께 성장하는 길을 모색하는 동시에 여성만이 가질 수 있는 장점의 히스토리를 만들어 경쟁관계에서 서로 협력하는 모습으로 진출해야 한다고 믿는다. 다시 말해 앞으로는 AI 기술 분야에서 여성 스타트업 대표들이 사람들의 감정을 이해하는 감성 인공지능 기술을 개발하여 마케팅 캠페인에서 대중들과 더 강한 공감 및 유대를 형성하는 스킬로 사용자들에게 다가갈 것이다.

마지막으로 세상에 더 많은 여성이 자신의 꿈을 이룰 수 있는 기회가 주어질 때, 우리 모두가 더 풍요롭고 포용적인 사회를 만들어 갈 수 있을 것이다. 나는 여성 사업가들이 협력과 창의성으로 성공을 거둘 수 있다는 믿음을 가지고, 그들의 영감과 지지자가 되고자 소망한다. 이제 여성들이 새로운 도전을 두려워하지 않고 빛나는 미래를 향해 나아가기를 바란다.

조그마한 공대 출신 연구원,
다양한 경험으로 나를 키우다

기 정 희

SKC ESG추진부문 SV협력팀장

인하대학교 화공고분자생물공학부에서 화학공학 및 생물공학을 공부한 뒤, 재료 및 전기화학으로 석사 학위를 취득하였다. 2005년 SK그룹 공채로 입사하여, SKC 첨단소재연구소에서 다양한 산업용 소재에 대한 연구를 하였고, 특허 및 기획 업무, 신규 성장사업을 발굴하였다. 현재까지 SK그룹에서 18년간 근무하였고, SKC 최초 및 유일한 공학 출신 여성 팀장이다. ESG추진부문에서 SV협력팀 팀장으로 재직하여 ESG 및 SV 분야의 여성 후배 양성에 많은 관심을 가지고 있다.

두드려라, 열릴 때까지… 그러면 열릴 것이다

이 책을 열어 보고 선택하신 독자는, 분명히 본인이 원하는 바를 찾고 이룰 수 있다. 그렇게 단언한다!

이 글을 쓰는 나도 마찬가지이지만, 이 글을 읽는 독자 역시 내가 하고 싶고, 가야 할 길에 대한 고민이 있고, 그 부분에 대해 조금이나마 도움을 얻길 바라는 마음으로 이 책을 열어 본 게 아닐까. 이 책을 열어 본 당신은, 이미 그 고민의 터널을 나오기 시작하고 있다.

누구에게나 방황의 순간은 온다. 그러니 이에 대해 치열히 고민하고 최선의 선택을 할 수 있길 바란다. 그 선택을 할 때 도움이 될 만한 얘기가 이 책의 어느 부분에는 분명 있을 것이다.

나 역시 아주아주 평범한 여자 공대생 이었기에, 정해진 길을 몰랐고 고민이 많았다. 공부를 너무 잘해서, 박사가 되고 교수가 되겠단 생각을 하진 못했고, 취업의 기회도 여자 공대생에게 좁았기에 이에 대한 두려움도 있었다.

하지만 내가 고민하는 바를 해결하기 위해 포기하거나 피하지 않고 꾸준히 노력해 왔다고 자부한다. 내가 진정 행복한 길이 무엇인지 끊임없이 찾았고, 나를 변화시킬 무언가를 또 찾아가던 평범하지만 고집 있는 공대 언니가, 회사의 최초 공대 출신 여성 팀장이 되기까지 묵묵히 걸어온 길을 소개한다.

공대 여성으로서의 자아 정립

나는 화학과 생물을 좋아했다. 과학 중에 유난히 그 분야가 재밌었고, 역사도 좋아했기에 과거의 연금술사처럼 나도 무언갈 만들어 내는 사람이 되고 싶다는 막연한 생각을 하기도 했다.

대학 원서를 넣을 때, 부모님은 적잖이 놀라셨다. 왠지 조용하고 조그마한 딸내미가 공대를 가겠다고 하니, 맞지 않는다는 생각을 하셨던 모양이다. 공대라니 위험해 보이기도 하고, 간호학과나 교육학과가 여성에겐 맞지 않겠냐는 말씀이셨다. 그때 나는, 공학도가 왠지 멋있어 보이고 그중 화공 분야에서 새로운 무언갈 만들어 내고 싶다는 생각에 그쪽을 고집했다.

그렇게 나는 순전히 나의 고집으로 여러 학교의 화학공학부를 지원했고, 그중에서 지리적 여건과 선배들의 조언, 그리고 무엇보다 경제 사정에 보탬이 될 만한 학교에 입학했다. 그렇게 나는 240명의 입학생 중 40명의 여자 공대생이 되었다.

학창 시절엔 해 보고 싶었던 것이 많았다. 공부보다는 다양한 교양을 쌓고 싶었다. 어느 정도 장학금을 받았기에 학과 공부 이외에 내 적성을 찾아보자는 마음이 있었다. 누군가의 조언으로 타 학과의 수업을 도강해 보기도 하였고, 겁 없이 문과대 수업을 듣기도 하였다. 그런 여러 경험을 통해, 나름대로의 나를 찾아갔던 것 같다.

실제로 내가 몰랐던 다른 과(공대)의 수업으로, 기계과나 전자과가 어떤 걸 배우는지 무료 공부를 할 수 있었으며, 공학도로서 더 공부해 보고 싶다는 호기심을 느끼며 '내 적성이 이쪽에 맞겠구나.'라는 생각을 하게 되었다. 생각보다 나는 공대 수업이 재밌고, 조금 느리지만 잘하는 분야가 있었다. 실제로 1·2학년엔 성적이 좋을 수 없었다. 타과 도강에 문과대 수업을 듣고 학부 최초로 시도한 영어 강의 전공 수업을 들었으니, 실력 대비 용기만 충만하였고 학점 관리는 꽝이었다.

그리고 현타가 오기 시작한 3학년부터 학과 공부에 집중하기 시작했다. '화학고분자생물공학부'가 입학 시 과명이었다. 3개 과의 수업 가운데 나는 화공과 생물이 재밌었는데, 취업을 준비할 즈음 고민이 되었다. 전공을 선택하는 것도, 직업을 선택하는 것도 오롯이 나의 몫이다. 나는 나 스스로의 장점과 단점을 잘 파악하고, 좋은 선택을 하려고 노력했다. 실행해서 겪어 보지 않은 채 결정을 내릴 수는 없다.

그래서, 더 간절히 이것저것 찾아보던 차에, 학교 게시판에 여름방학 중소기업 인턴십 체험이 올라 와있었다. 이거다! 나는 바로 신청하였고, 운 좋게도 기회를 얻었다. 반도체 패키징 분야의 중소기업이었는데, 직접 공장에서 일을 해 보고, 회사가 어떻게 돌아가는지도 경험할 수 있었다. 제품을 생산하는 부서, QA부서, 물류, 영업, 경영지원 등…. 회사라는 생태계를 처음 경험하게 되었고, 인상적이었다.

나도 처음엔 작업복을 쭈뼛쭈뼛 입고 어색하게 있었지만, 어느새 편하게 작업복을 입고 경영기획 부서 언니와 친하게 지내며 점심시간을 기다리는 회사원의 생활이 재밌어졌다. 모두들 같은 작업복을 입고 각자의 일을 열심히 하고, 주간 보고도 했다. 방학 동안의 경험으로 나는 한층 더 성장했다고 느껴졌다. 일을 배웠다기보다(실제로 일은 매우 쉬운 문서 작업이었다) 회사가 무엇인지에 대해 어깨너머로 배운 것이다.

성장을 경험하게 해 준, 대학원 생활

그리고 취업 시기에 나는 대학원 진학을 선택했다. 내가 가고 싶었던 연구실은 경쟁률이 치열한 곳이었다. 연구 분야가 '재료 및 전기화학'이었기에, 반도체소재 및 이차전지/연료전지에 대한 연구를 하는 곳이었다. 또한 연구실 출신 선배님들도 각 분야의 좋은 회사, 또는 대학 교수로 근무하셨다. 너무나도 배우고 싶고 좋아했던 교수님께 무작정 메일을 보내, 내가 잘하는 분야와 하고 싶은 연구에 대해 적극적으로 말씀드리고 어필했다.

그때의 내 모습이 교수님께서는 매우 인상적이었다고 하셨다. 나중에 들은 말이지만, 지원자가 많았음에도 나의 적극적인 모습에 소위 반하신 교수님이 선배님들의 우려를 물리치고 나를 받아 주셨다고 한다. 그렇게 다행히 경쟁률이 치열한 연구실의 '첫 여성 대학원생이자 연구원'이 될 수 있었다. 두 번째 입성이다!

석사를 하려면, 예비대학원생이라는 제도가 있어서 2학기에는 그 랩에서 공부를 한다. 학점이 충족되고 동대학교에 진학할 경우, 장학금 지원 제도도 있었기에 다른 선택지에 대한 고민은 없었다.

대학원생 체험을 미리 하게 되는데 랩 선배의 연구를 함께 돕거나 스터디하는 것이다. 랩 선배님들의 얘기를 들으면서 '연구실 생활이 이런 것이구나!'라는 것을 어렴풋이 알게 됐다. 하고 싶은 주제를 찾아, 연구 방법을 스터디하고 이를 정리해서 논문을 만든다니…. 게다가 그 논문이 내 이름으로 실린다니…. '멋지다! 잘하고 싶다!'라는 생각이 들었다.

하지만 나는 논문 찾는 법도 실험하는 것도 어리숙한 후배였고, 더구나 랩에 처음으로 들어온 여자 후배였다. 불편한 동거는 그렇게 시작됐다. 화공과이므로 기계과나 토목과처럼 '유일한 여성' 등의 타이틀은 별로 없었다. 그래서 이런 타이틀에 책임감이 생긴다는 것도 처음 느끼게 되었다. 첫 여성이라는 데에 주변의 부담스러운 시선도 있었기에, 석사 입학 후 한동안은 그런 것들에 심적으로 어려움을 느꼈던 것 같다.

처음엔 선배들도 여자 후배를 동등하게 대하는 데에 불편함을 느끼기도 했지만, 서로 배려하고 독려해 가며 적응해 갔다. 나는 그렇게 진정한 의미의 첫 사회생활을 석사 기간 동안 하게 되었다.

그리고 내가 좋아하는 게 무엇이고 어떤 분야에 좀 더 두각을 나타내는지 다시 알게 되었다. 우리 연구실에서는 매주 논문을 조사해서 영어로 발표하고 공유하고 토론하는 시간이 있었는데, 이를 통해 역량이 많이 좋아졌다. 그 결과, 우리가 만든 과제/포스터가 학회나 연구단에서 우수발표상이나 우수포스터로 선정되기도 하였다. 연구실 선배들과도 함께 성장하는 내가 너무 좋았고, 성장의 기쁨을 알게 됐다.

'사회를 통해, 사람을 통해 나는 성장하고 있구나. 내가 좋아하는 것은 이것이다. 어떤 상황과 일도 두렵지 않고 조금 시간이 걸릴 뿐, 잘 해낼 수 있다.'는 나 자신에 대한 믿음이 생긴 시기였다. 2년 동안의 연구실 생활은, 일로써 내가 한 일에 대한 정리를 잘하는 일도 매우 중요하다는 것도, 발표와 설득이 필요하다는 것도 많이 배운 시기였다.

그리고 나는 취업을 하게 됐다. SK그룹에 입사하고 싶었던 나는 다행히 졸업과 함께 원하던 기업에 입사할 수 있었다. 입사 당시만 해도 연구소가 수도권에 있는 경우가 거의 없었고, 입사가 결정된 회사의 위치는 내 거주지 근처인 수원이었기에 고민할 필요도 없었다.

대기업에 입사한다는 소식에 가장 기뻐해 주신 분은 당연히 부모님 이었다. 조그마한 딸내미의 공대 진학은 주변에도 흔치 않았던 사례였 기에 늘 걱정이 많으셨다. 공대 졸업 후에 취직이 되지 않는 경우도 많 았고 힘든 공학전공자의 길을 여자로서 해낼 수 있을지, 딸내미의 무 모한 도전과 좌충우돌하는 모습에 어찌 걱정이 되지 않았을까. 성공까 지는 아니지만, 공대에 진학한 딸내미가 SK그룹에 입사한다는 소식에 부모님은 너무나 자랑스러워하셨던 것 같다.

그렇게 부푼 꿈을 안고 첫 직장에 입사하게 되었다.

연구부서에서 시작하고 개발부서에서 가슴이 뛰다

석사를 마치고 연구직으로 입사를 하면 대부분 비슷한 얘기를 한다. 연구실에서 일할 때 회사보다 인력이 적으니 맡은 일이 많아서 밤늦게 까지 있는 경우가 많았는데 회사에선 그보단 야근은 조금 하는데 하던 일을 하면서 또 월급까지 들어오니 좋다는 것이다.

나 역시 그러했다. 입사한 부서는 휴대폰용 전지를 개발하고 있었 고, 석사 전공과 유관하기에 연구실에서 배운 경험을 바탕으로 적응 해 가고 있었다. 그 이후로 과제는 조금씩 변했지만 연구 경력을 쌓아 갔다.

연구소는 선행개발을 하는 연구부서(Research)가 있고, 생산 제품을 개선·개발하는 개발부서(Develop)가 있다. 나는 연구부서에서 경험을 쌓고, 개발부서에서 새로운 아이템을 맡게 되었다. 연구부서와 달리 개발부서는 생산부서와 협업을 많이 하게 된다. 생산부서의 강한 압박은 웬만한 연구원도 견디기 어렵다고들 했다. 따라서 개발부서에는 여성 연구원이 거의 없었다.

랩에서 실험을 하고, 그 결과물을 라인테스트 하게 되는데, 그때 공장 파일럿(Pilot)에서 테스트를 한다. 그 공장을 지나가는 길에 시선이 말도 못했다. 수많은 근무자들에게 여성은 너무나도 낯선 존재였고, 라인테스트 공장 안에 여자 화장실을 찾아가는 건 너무나도 힘든 길이었다. 그 정도로 여자가 없는 곳이 공장이었기에, 조그마한 신입 여자 연구원은 호기심 대상이었을 것이다.

파일럿 테스트도 마찬가지지만, 특히 생산 적용을 위한 라인테스트는 제품을 생산하기 위한 시간을 할애하는 것이고 그 규모도 크기에 기회비용이 어마무시하다. 따라서 이에 대해 제대로 대응하지 못하여 라인이 서거나, 설비가 고장 난다면 그 책임을 이루 말로 못하는 상황이다.

이 때문에 생산팀장을 비롯한 모든 근무자들의 신경이 날카롭고, 테스트에 대한 실패 요인을 제거하기 위해 생산부서, 설비부서(EM), 판매부서, 연구소가 모두 모여 회의를 진행한다. 이때 과제를 발의하고 개발한 개발부서에서 전체적인 테스트 내용을 설명하고, 설비 운영 리스크 대비책도 마련해야 한다. 다른 부서는 이 방법에 대해 좀 더 전문적으로 검토하는 것이다. 조그마한 여자 연구원이 그 담당이었으니,

모든 눈이 나를 향해 있고 한 치 틈이라도 있으면 '역시…'라는 듯한 태도로 바뀌게 된다.

설비에 대한 이해도 있어야 하고, 라인 운영에 대한 시스템 및 이슈 사항도 파악해야 한다. 예를 들면 정해진 시간 안에 테스트를 끝내야 하는데, 테스트가 예상치 못한 이슈로 늦어진다면, 어렵게 잡은 테스트 일정을 그냥 날려 버리고 만다. 이를 위해 얼마나 공부했는지 모른다. 설비도를 보는 법, 테스트 시간을 줄이기 위한 방법, 안정적인 테스트 조건을 위한 트러블 슈팅 방법 등 여러 가지 시뮬레이션을 해야 한다. 이때 재밌게도, 대학 시절에 타과 수업을 도강한 게 조금은 도움이 되었다. 라인테스트를 하는 것은 마치, 수술실의 의사 같은 기분이다.

라인테스트를 위한 MPR 회의가 그 시작이다. 연구소 선배들이 조언을 듣고 많은 준비를 했기에, 순차적으로 설명을 한다. 이 제품이 고객에게 어떤 의미가 있는지, 오늘 테스트에서 얻고자 하는 데이터가 무엇인지, 어떻게 테스트를 할 것이고, 문제 발생 시 대비 방안까지 빈틈없이 설명한다. 그런 여러 번의 경험으로, 공장분들이 조그마한 여자 연구원에게 칭한 말은 '조용조용해 보이는데, 성격 있고 고집 있다.'였다. 아마도, 테스트 진행 도중 발생하는 이슈가 생기면 생산부서와 의견을 교환하고 결정을 내리게 되는데, 내가 꼭 필요한 부분에선 집요하게 진행해야 하는 이유를 설명하고 강하게 목소리를 내기 때문인 것 같다.

개발부서의 매력은 밤새 하는 테스트의 끝에 내가 개발한 제품이 고객에게 도착하고 그 개발자로 내 이름이 새겨지는 것이기에, 가슴이 뛰는 너무나도 재밌는 경험이었다.

새로운 제안, 끝없는 도전의 시작

연구개발의 아웃풋은 그동안 논문이었지만 회사에서는 특허라고 할 수 있었다. 이 점이 좀 새롭게 다가왔다. 연구개발은 여러 동료와 공동의 목표를 세워 이를 각자의 역할로 분담하여 협업하는 과정이다. 따라서 각자의 역할 분담 부분을 달성해야 공동의 목표에 도달하는데, 기업에서는 각자의 역할을 특허라는 매개로 평가하기도 하였다. 난 처음으로 특허를 알게 되었고 내 연구 결과물을 이것으로 표현하는 게 좋겠다는 생각을 했다. 그렇게 나는 새로운 도전에 맞닥뜨리게 되었다.

대리로 승진하고 얼마 후, 특허맵을 새로운 과제로 부여받았다. 신규 아이템 검토 시에 특허맵을 그리는 데, 내가 그 업무를 맡게 된 것이다. 대부분 특허팀이 하거나 외부용역을 주기도 하지만 민감한 사안인 경우 연구원이 직접 하기도 한다. 수천 건의 특허를 전달받아, 이를 기준을 세워 기업별 기술 분류별 주요 키 이슈별 등으로 분석했고 향후 방향까지 제시하면서 내용을 정리했다.

그리고 연말에 연구소 특허 경진대회에서 큰 상을 받게 되었다. 특허를 한 번도 써 본 적이 없던 내가 특허를 알게 되고 특허경진대회에서 상도 받게 되니, 내가 모르던 나의 역량을 발견한 기분이었다.

그때, 새로운 제안을 받았다. 특허부서로의 이동 제안이었다. 제안을 받고 기쁘기도 했지만 연구원으로서의 자부심이 있었고 내가 변리사도 아니기에 성장의 한계가 있지 않을까 하는 고민도 되었다.

인생은 선택의 연속이다. 이 선택이 모이고 모여서 나를 만든다. 나자신의 성향에 대해 고민했고 커리어패스에 대해 고민했다. 특허팀에서도 연구원 출신의 역량과 커리어가 필요했고, 나 역시 내 커리어에 새로운 길이 될 수 있겠다고 판단했다. 특허팀이 커리어패스의 마지막이 아니고, 나의 역량을 풍성하게 만드는 하나가 될 수 있을 거란 생각이었다.

그렇게 이동을 하고, 이슈가 되었다. 그동안 연구원이 특허팀으로 이동하는 경우가 없었기 때문이다. 연구개발이 힘들어서 편하게 일하려고 가는 것이 아니냐는 말까지 들었지만, 곧 그 오해를 해소하고 꼭 좋은 성과와 평판을 들으리라 다짐했다.

당연한 얘기겠지만 성과를 내려면 목표와 계획을 구체적으로 세우고 실행해야 한다. 특허 업무에서 난 새로운 도전을 시작했다. 아무도 시키지 않았지만, 난 연구원들이 필요로 하는 것이 무엇인지 알았기에 그들에게 인사이트를 주기 위해 노력했다.

주요 과제별 특허를 분석하고 주기적으로 분석리포트를 공유하였다. 또, 특허 출원이나 분석에서 연구원이 접근하기 어려워하는 부분을 직접적으로 밀착 가이드해 주었다. 각 연구부서는 매년 의무적으로 특허 출원을 해야 했기에 호응도가 매우 좋았다. 나는 특허팀에 이동한 지 얼마 되지 않아 전략 특허 출원이나 특허맵 분석, 신사업 특허 리스크 분석 등 대부분의 특허 업무를 수행해 냈다.

때마침 회사에서는 새로운 사업을 지속 추진하여 업무량이 많이 발생했다. 결국 팀장님은 경험이 짧지만 연구원 출신이라 이해도가 빠르고 분석력이 좋다며 독려해 주시면서 점점 어려운 업무를 주기 시작했고, 이는 나에겐 업무를 빠른 시간 안에 다 접할 수 있는 기회이기도 했다.

당연히 평판은 다시 좋아졌고, 업무 스타일에 대해 인상 깊게 봐주신 사업부 임원께서 직접 추천을 해 주셔서 연구소 최우수연구원상까지 수상하게 되었다. 연구소에서 연구원 이외의 스탭부서에게 상을 주는 경우는 거의 없던 이례적인 일이었다.

그리고 스탭부서에서 누락 없이 되기 힘든 여자 과장으로의 승진을 하게 됐다. 승진이 크게 중요하지 않을 수 있지만 그 시점에는 승진 경쟁률이 높았던 데다 특히 나는 출산휴가 이후 복직한 상황이었기에 쉽지 않은 케이스였다. 요새는 출산휴가나 육아휴직에 대해 시스템적으로 보완해 주지만 그 당시는 너무나도 당연하게 좋은 고과를 받을 수 없었다. 다행히 고과 이외의 영어 성적 등으로 내가 극복할 여지가 있었기에 최선을 다할 수 있었고, 결국은 좋은 결과를 거머쥐게 되었다.

의지와 다른 일을 하게 될 때,
열고 싶은 방의 문고리를 잡는다

입사를 연구 개발로 했었고, 매년 적었던 나의 커리어패스는 연구개발 전문가였다. 하지만 특허부서에서 새로운 업무를 하게 된 이후로는 특허 전문가가 나의 목표가 되었다. 연구개발은 각자의 목표를 달성해야 최종 결과물의 합을 통해 완성할 수 있다. 이 업무를 통해 협업을 배웠고 공통의 최종 목표 달성을 위해 각자의 몫을 해 나가는 책임감과 또한 각자의 장점을 벤치마킹할 수 있는 경험도 얻었다.

내가 학교에서 배우지 않았던 업무였지만, 일을 통해 성장한다는 것을 느꼈고 성장하는 모습이 뿌듯했다. 그러던 중, 내가 원하지 않던 시기에 새로운 역할을 제안받게 되었다. 다양한 역량을 가지고 있기에, 혹은 여자이기에 나에게 다가온 업무였다. 내가 원하는 커리어패스와는 상당히 다른 업무라고 생각했기에 거절하였지만 담당 임원의 의지(?)로 인해 차출이 되었다.

담당 임원이 부여받은 중요 미션이었기에 조직은 꾸려져야 했고 연구개발 경력과 기획의 경험을 가진 내가 적임자라는 말씀이었다. 원하지 않은 업무가 주어진 건 처음이었다. 그동안 내가 생각해 왔던 나의 비전과도 맞지 않았기에 고민이 많을 수밖에 없었다. 스페셜리스트에서 제너럴리스트가 되는 것이었지만, 2~3년 안에 복귀를 목표로 업무를 맡았다.

새로운 업무였지만, 연구개발 및 특허 경력을 기반으로 하였기에 습득은 빨랐다. 이슈 사안에 대한 빠른 피드백이 중요하였고, 연구 개발 전반에 대한 이해도가 있기에 적시 보고가 가능했다. 또한, 연구소 기술 매핑이나 신규 기술 조사 등은 아무도 하지 않았던 새로운 길을 개척하는 것이라 재미도 느끼기 시작했다.

그렇게 업무를 하면서, CEO 보고까지 과장이라는 직책을 달고 하게 되었다. 기술동향보고였지만, 일개 과장에게 CEO 보고를 하라고 하다니…. 자료 조사를 밤새워 해 가며, 내용을 정리하고 발표 준비까지 길지 않은 시간 동안 나를 불태웠다. 담당 임원께서도 보고 며칠전에 발표 리허설까지 진행하라고 하셨으니, 긴장이 되셨던 것 같다. 기획팀 과장이 CEO 보고를 하게 되다니, 배석할 기회도 없는 게 일반적인 상황인데 말이다.

처음 뵌 CEO 앞에서 발표를 하던 순간이 잊혀지지 않는다. 임원분들의 긴장감이 느껴지던 정적속에서, 나는 간단한 자기 소개와 함께 발표를 시작하였다. 하지만 내가 해 왔던 일이었기에 무엇보다 자신감 있게 발표하였고, CEO께서도 임원분들께서도 무난한 피드백을 주셨던 것 같다(사실 기억이 잘 나지 않는다).

생각해 보면, 나에게 이런 경험을 하게 한 것도 당시 임원께서도 '기정희 정도면 잘하겠지.'라고 생각하셨기에 그런 미션을 주신 게 아닌가 싶다. CEO 보고 이후로, 임원보고는 당연시되었던 것 같다. 지나고 보면 과장 초년 차부터 나는 연구소장님, 사업부 부문장님 등 팀장급이 보고할 만한 자리에 왕왕 서게 되었다. 곁땀 날 만한 상황이 많았지만 항상 무탈하게 소화해 냈고 주변에 나를 드러내는 기회는 계속 주어졌다.

그러는 동안 나는 기획 업무만 하고 싶지 않다고 지속적으로 어필하였다. 개발부서의 역량을 잃고 싶지 않았기에 기획부서에서 개발 과제도 함께 수행하겠다고 했다. 인력도 부족한 마당에 나서서 두 가지 업무를 다하겠다니, 말릴 이유가 없었다. 이후에도 나는 연구개발과 기획을 오가며 신사업개발을 하였고, 연구소에 몇 안 되는 다양한 경험을 가진 사람이 되었다. 그리고 어느 순간, 일본 프로젝트 전문가가 되기도 했다. 그중 기억나는 사례를 소개해 본다.

새로운 과제를 맡아 일본으로 출장을 자주 가곤 했는데, 그때 일본의 유수한 기업의 팀장과 임원이 회의 자리에서 이런 말을 했다. "이 과제를 맡은 사람이 여자라서 너무 놀랐었다."라는 것이다. 그 말인즉 일본에서는 중요한 과제를 여성에게 주는 경우가 거의 없는데 카운터파트의 담당자가 여성이라고 해서 의외였고 반신반의하였다는 말이었다. 물론 서로 협업하면서 '기상'(일본식 호칭)이 적극적으로 잘해 줘서 오해를 풀었고 잘 부탁한다는 내용이었다.

내가 일을 하면서 여성이고 아니고에 대한 생각을 해 보지 않아서 조금은 기분이 좋지 않았지만, 보수적인 일본에서 여성에 대한 편견이 조금이나마 나아졌다고 생각하니 뿌듯한 마음도 조금 가지게 됐다. 같은 회의에 참석하셨던 우리 회사 임원분께서도 일본 파트너의 우호적인 말에 좋아하시면서, 나에게 마지막까지 책임감을 갖고 진행해 달라는 당부도 잊지 않으셨다.

화학 분야에서 우리보다 앞서가는 일본에서, 주요 과제는 동등한 조건이라면 여성이 제외되고 기회를 부여받지 못한다는 건 생각보다 충격이었다.

여성 공학도가 많지 않았던 시절, 나는 회사를 대표하는 여러 프로젝트에 참여하게 되었지만 여전히 성공하기 어려운 케이스 위주로 나에게 기회가 주어졌다. 나 역시 때로는 성공이 예상되는 과제에 참여하고 싶단 생각이 들기도 하였으나 그런 케이스는 누구에게나 쉽게 오지 않는다. 다만 나는 특허, 연구 및 개발, 신사업 검토 등 다양한 분야의 경력이라는 나만의 장점이 있기에 그중에서도 중요하지만 어려운 케이스 과제의 리딩을 할 수 있었다.

어려운 과제이기에 기대 이상의 성과를 만들어 내는 성공 케이스를 만든다면 조금은 다른 기회의 길이 열릴 수 있다.

극복할 것인가 순응할 것인가, 연구소를 떠나다

오랜 연구소 생활에서 누구보다 다양한 직무를 경험했고, 그동안 자녀가 셋이나 생겼다. 육아휴직도 짧게 한 것이 전부였지만, 회사에 복귀한 뒤 또 다른 고민이 나를 짓눌렀다.

시장은 변해 가고 있었고 시장조사 및 특허 동향을 파악하던 내가 보기엔 연구소 차원이 아니라 전사 차원의 과감한 새로운 시도가 필요하단 생각이었다. 연구소는 익숙하고 내가 잘 아는 곳이었고 이곳을 떠난다는 건 이직과 다름없게 느껴졌다. 하지만 도전하지 않으면 후회할 것만 같았다. 주변의 만류가 많았지만 난 결국 연구소를 떠나 전사 차원의 신규사업발굴 프로젝트에 지원하게 된다. 그리고 내 경력엔 신사업발굴 및 마케팅이 한 줄 추가되게 된다.

새로운 시장을 찾고 연구개발부서에 그 과제를 주는 업무는 짧은 시간 동안 계속되었다. 그 과정에서 수많은 업계 사람들을 만났고, 연구원 출신 여성 마케터로 신뢰감과 존재감을 주려고 노력했다. 사업기획, 신사업 JV 설립 등 변화의 시기에서 어떤 일이 주어지든 내 선택을 후회하고 싶지 않았기에 더 치열하게 했다. 그 결과로, 지금까지 내가 개발한 제품과 발굴한 과제는 여전히 살아서 워킹되고 있다.

본사에서 여러 과제를 다른 관점에서 진행하면서 새로운 관계는 지속적으로 열리게 되었고, 어느새 여성 공학도이자 연구원 출신의 마케터로, 또는 프로젝트 리더로, 나를 소개하며 나의 정체성을 만들어 갔다.

지속가능경영 ESG를 위해
공학도가 할 수 있는 일에 다가서다

나는 본사에 몇 없는 여성 연구원 출신이었다. 그리고 연구원 출신은 한 가지 관점만 있다는 편견을 깰 수 있는 다양한 경력을 기본기로 업무를 진실성 있게 치열하고 책임감 있게 진행했다.

상사나 주변 평가에서 빠지지 않는 것이 '의욕적이다', '관계에 있어 유연하다', '책임감이 강하다'는 것이었다. 본사에서 나는 이러한 평판으로 새로운 기회를 맞이하게 됐다. 바로 'ESG'였다. 지속 가능한 경영을 위해 기업이 할 수 있는 모든 것이 'ESG'이며, 친환경 기술이나 사회 책임 경영의 모든 것을 아우른다.

본사에서 신규발굴을 하며 처음 ESG를 접하게 되었고, 그동안 플라스틱 화학 제품을 개발해 왔던 것에 대한 책임의식과 새로운 관점의 시장에 대해 관심이 가게 되었다. 그러던 중, ESG 조직에서 공학 기반의 다방면의 뷰가 있는 인력을 찾고 있었고 운 좋게도 나에게 그 기회가 주어졌다. 향후 나에게 여성 리더의 역할을 기대한다는 예상치 못한 제안이었다. 다시 가슴이 미친 듯이 뛰었다.

하지만 당시 속한 조직에서도 나를 필요로 하였기에, 쉽게 그 조직으로 이동하진 못했다. 개인적으로 매우 아쉬웠지만, ESG 트렌드에 맞는 사업기획 및 신규발굴 등 업무와 공부를 하며 기회를 기다렸다. 시일이 걸려 결국 ESG조직으로 이동하게 되었고, 현재 ESG 외부평가 및 ESG 사업에 대한 지원, 사회적 가치(SV)창출 업무를 하는 팀리더가 되었다.

조그마한 여성 연구원으로 시작한 나는 '지속 가능한 경영을 위한 ESG'라는 영역 속에 속하게 되고, 지속 가능한 사회에 기여하는 일을 하고 있다. 또한, SKC에 유일한 공대 출신 여성 팀장이 되었다.

그 과정 중에 쉬운 일은 없었던 것 같다. 다만, 관계 속에서 발전하는 나 자신을 즐겼고, 진실성 있게 최선을 다하고 회피하려 하지 않았던 것 같다. 나를 성장시키는 것은 그 누구도 아닌 나 자신이기에, 내가 고민하고 실행하고 선택해야 한다는 것은 피할 수 없는 사실이다.

가장 잊지 말아야 할 부분은, 나의 장점을 잃지 않는 선택과 실행이란 생각을 해 본다. 가슴이 뛰는 일을 찾고, 힘든 일을 회피하지 않는다면 어떤 길이든 그 길의 끝에 '여성 공학도 출신 ㅇㅇㅇ'라는 자랑스러운 무언가를 자연스럽게 가지게 된다. 여전히 성장하고 있는 여성 공학도 출신의 한 선배로서 당신의 꿈을 응원한다.

나의 일터는
안전한 원자력발전소이다

김 선 경

한국수력원자력 고리2발전소 기술실장

홍익대학교 기계설계학과서 공학 학사 학위를 취득한 후, 1996년 4월 한국전력공사에 기술직 직원으로 입사하여 2001년 이후 현재까지 한국수력원자력㈜에 근무하고 있다. 2017년 서울대 행정대학원 공기업 정책학 석사를 취득하였다. 여성은 소극적이며 중책을 맡기기에는 부적합하다는 조직 구성원의 고정 관념과 편견의 시각에 맞서 끊임없는 소통과 노력의 자세로 노력하는 실무형 리더로, 현재는 고리원자력 3·4호기 정비 및 엔지니어링을 총괄하는 기술실장을 맡고 있다.

공대생이 원자력에 발 들여놓다

장래에 대한 저의 꿈은 아버지의 영향을 많이 받았습니다. 아버지는 평소 21세기는 여성도 남성 위주의 영역에서 자신의 역할을 당당하게 찾아내는 시대일 것이라고 늘 말씀하셨습니다. 그렇게 편견 없이 저의 미래를 설계하셨던 아버님의 권유로 공대에 진학하게 되었습니다.

공과대학 내 남학생이 많은 기계설계학과를 입학할 당시만 해도, 남학생과 같이 공부하는 환경이 무척이나 낯설었던 기억이 납니다. 대학 4년간 성별 구분 없이 동기라는 유대 관계 속에서 같이 열심히 공부했던 시절이 기억납니다.

졸업 이후 연구소보다는 산업 현장에서 배운 전공을 활용해 보고 싶어 공기업인 한국전력공사에 입사하였습니다. 그 당시 일반인에게도 낯선 월성원자력 1~4호기 품질감독업무 보직을 받아 근무하게 되었습니다. 다만 맡은 첫 보직은 원하던 보직이 아니었습니다. 맘이 무척 상했던 기억이 생생합니다. 그리고 원하는 보직은 노력을 통해 얻어야 함을, 또한 원하는 보직을 얻기 위해 현재 주어진 업무에 최선을 다해야 다음 단계인 내가 원하는 보직으로 갈 수 있음을 사회생활 초년병 때부터 깨닫게 되었습니다.

신고리 1·2호기 시운전을 성공적으로 달성하다

제가 근무하는 한국수력원자력㈜는 원자력발전소(이하 원전), 수력발전소 및 양수발전소를 운영하는 국내 최대의 발전회사입니다. 우리 회사는 비록 남성 위주의 조직문화가 남아 있지만 여성도 전문적인 역량을 키워야 한다는 강한 신념을 가지고 일하고 있습니다. 또한 여성은 소극적이며 중책을 맡기기에는 부적합하다는 조직 구성원의 고정 관념과 편견의 시각에 맞서 소통과 노력의 자세로 업무에 몰입하고 있습니다.

원전의 시운전은 남성도 기피할 만큼 힘들지만 단기간 내 현 종사 분야에서 최고의 전문성을 습득할 수 있는 기회입니다. 시운전은 건설(6~7년 소요) 이후 원전 내 전(全) 설비를 하나씩 가동하며 건설 시공 및 설계 오류 등의 문제점을 하나하나 찾아내어 해결하면서 원전 호기당 2년이라는 짧은 시간 뒤 정해진 일정에 맞추어 본격적인 전력을 생산해야 하는 노동 강도가 매우 높은 업무입니다.

전문성 확보에 대한 의욕이 강했던 저는 2007년 당시 간부로 승격 이후 신고리원자발전소 1·2호기의 시운전 보직을 회사에 요구하였습니다. 총 2,000MWe의 설비용량으로 건설되는 신고리원전 1·2호기는 당시 우리나라의 전력 수급 여건상 건설 및 시운전 일정이 늦추어질 수 없는 중요한 단계였습니다.

저의 요청은 당시 우리 회사로서는 파격적이고 과감한 요구였습니다. 우리 회사는 지금껏 원전 시운전 정비 업무를 여성 간부에게 맡겨본 적이 없었기 때문입니다. 그러나 회사는 여성이라는 점보다 직원 시절 제가 수행하였던 업무 성과를 믿고 제게 기회를 주기로 결정했습니다.

한편으로 저의 업무 행로는 제 개인적인 커리어뿐만 아니라 후배 여직원들에게도 새로운 업무 분야를 개척해 주는 이정표가 되었습니다. 여성으로서의 첫 진출 분야였기에 제가 잘못하면 후배 여직원들에게는 기회조차 없을 수도 있었습니다. 반면 제가 잘 해낸다면 원전 시운전을 담당한 여성 보직자로서의 성공 사례로 각인되어 향후 후배 여직원이 지원하더라도 거부감이 없을 것이기 때문입니다. 이렇게 저의 선택과 행동은 저뿐만 아니라 회사 여직원 모두에게 중요한 일이 되었습니다.

저에게 기회를 준 회사의 선택이 잘못되지 않았음을 증명하고 싶었습니다. 또한 여성으로서 최초로 진출하게 되는 원전 시운전 업무에서 후배 여직원들에게 좋은 귀감이 되고 싶었습니다. 그리고 무엇보다 스스로 선택한 전문성 개발의 기회에 전력을 다하고 싶었기에 매일매일의 업무에 최선을 다하였습니다.

결론은 성공적이었습니다. 저는 회사가 인정하는 전문성을 확보하였고, 회사는 여성도 원전 시운전 업무를 잘 수행할 수 있다는 인식을 갖게 되었습니다. 앞으로는 후배 여직원 누가 신청하더라도 여성이라는 점에 거부감을 가지지는 않은 조직문화가 형성된 것입니다.

현재 원활히 가동되고 있는 신고리원전 1 · 2호기를 볼 때마다 시운전 준비부터 시운전, 전력 생산까지 4년여 간의 지난 일들이 지금도 주마등처럼 지나갑니다.

한빛 5·6호기 설비개선사업 착수의 기반을 마련하다

2017년 부장직급으로 한빛원전 5·6호기 설비개선사업의 공사운영 부장을 맡게 되었습니다. 인코넬 600 재질의 전열관으로 제작된 한빛 3~6호기 증기발생기는 상업운전 이후 증기발생기 관막음률이 지속적으로 증가함에 따라 부식저항성이 우수한 인코넬 690 재질의 개선된 신규 증기발생기로 교체가 추진 중이었습니다.

한빛 5·6호기 증기발생기 교체사업을 위해 본사 주무부서에서는 기술지원 계약(한전전력기술), 제작 계약(두중), 교체시공 계약(대림)을 체결하고 제가 속한 한빛원전으로 계약사후업무를 이관하였습니다. 이에 따라 2017년 한빛 5·6호기 설비개선사업을 위해 설비개선실이 발족되고 초대 공사운영부장으로서 업무를 맡게 되었습니다.

부임하고 난 후 가장 우선으로 한빛 5·6호기 증기발생기 교체사업 추진계획(사업추진내용, 사업관리계획 및 분야별 예상 현안 분석 및 대책)을 보고하여 증기발생기 교체사업 기반을 마련하였습니다. 아울러, 인허가 담당 부장으로 증기발생기 교체사업 첫발인 기존의 인허가 서류(FSAR, 운영기술지침서) 등을 검토하여 운영변경허가 신청(2018년 4월)을 적기에 완료하였습니다. 이와 병행하여 구(舊) 증기발생기를 저장할 임시저장고 신축을 위해 행정기관인 지자체(영광군) 인허가를 취득(2017년 6월)하였습니다. 또한 규제기관인 원안위에 인허가 신청(2017년 8월)을 적기에 수행하고 3차에 걸친 질의에 대한 심사 대응을 성공적으로 수행하여 인허가를 취득(2018년 5월)하였습니다.

특히 인허가 과정에서 원안위 지역사무소가 임시저장고 인허가 선결조건으로 지자체(고창군) 주민 수용성 제고를 요구하여 지자체 주민을 상대로 설명회를 수행하기도 했습니다. 이에 구(舊) 증기발생기를 저장할 임시저장고 신축을 위한 제반 인허가가 모두 완료되어 2018년 5월 임시저장고 신축 착공을 시작하여 증기발생기 설비개선사업 착수의 기반을 마련하였습니다.

영향력을 발휘하여 후배 양성을 위해 노력하다

지금 저는 고급관리자인 실장 보직 단계에 있습니다. 우리 회사 직원이 1만 2천 명임에도 기술직으로 여성 실장은 저를 포함해 단 2명입니다.

여성 공학인 리더로서 저는 거의 최초의 길을 걸어왔지만, 후배 여성 공학도들이 모두 저와 같이 힘든 길을 겪기를 원하지는 않습니다. 그들이 청운의 꿈을 품고 공부한 공학 지식을 편견 없는 조직문화 속에서 자유로이 펼칠 수 있었으면 하는 바람에 직장 후배들과 정기적 또는 비정기적 모임을 주도하고 있습니다. 모임 시 업무 및 직장 생활에 대한 고민뿐만 아니라 결혼 · 출산 · 육아 등의 고민, 더 나아가 자신의 장래에 대한 고민을 함께 나누고 있습니다.

고민을 나눌 때 저는 이렇게 이야기합니다. "각자의 인생 커리어의 목표와 로드맵은 다르겠지만 주어진 시간은 한정되어 있다. 따라서 각자 주어진 시간 내에서 쓸 수 있는 에너지를 어떻게 잘 쓰느냐 하는 것이 중요한 것"이라고 말입니다. 덧붙여, "결혼도 하고 싶고 애도 잘 키우고 싶은데 직장에서도 인정받고 싶다면 불가능에 도전하는 것이다. 그러니 모든 것을 해내려는 슈퍼우먼이 되길 바라지 마라. 어느 순간 지쳐서 이도 저도 안 되고 더러는 나가떨어지는 나 자신을 보면서 자책하게 된다. 일에만 매진하는 사람을 당해 낼 수 없다."라고 말합니다.

왜냐하면 나 또한 결혼을 해서 아들 2명을 낳았으나 우리 아들들은 엄마의 부재를 절절히 느끼고 커 왔기에 때문입니다. 지금의 제 지위에 오르기까지 아들들은 엄마의 부재를 견뎌 내야 했고, 아들들의 이러한 희생과 더불어 저의 노력이 이뤄 낸 결실로 지금 회사에서 사회적 영향력을 발휘할 수 있게 된 것입니다.

내가 지난날 겪은 고민들이 지금의 후배들도 해결되지 않는 풀리지 않는 고민거리이기에 후배들이 지치고 포기하지 않기를 바라는 마음으로 소통을 통해 그들에게 도움이 되는 선배가 되고자 노력하고 있습니다. 제가 가진 소통의 노력이 후배들이 필요한 순간에 작게나마 도움이 되었다는 소식을 듣는 것이 제게는 큰 기쁨으로 돌아옵니다.

원자력을 활용하는 다양한 분야(병원, 연구소 등) 중 원전 산업 분야는 여성 리더가 가장 적은 분야입니다. 그러나 원전 산업계의 대표적인 리더가 되기를 꿈꾸며 함께하는 여성 후배 공학인들과 오늘도 후회되지 않는 시간을 보내려 오늘도 서로 독려하며 꿈과 희망을 품고 살고 있습니다.

우보천리(牛步千里),
소의 걸음으로 천 리를 간다

하영지

한국해양과학기술원 연수연구원(선임급)

부경대학교 지구환경시스템학부(지구환경전공) 그리고 니가타대학 자연과학연구과(지질학)에서 이학박사 복수학위 취득 직후, 2021년 9월부터 2022년 7월까지 부경대학교 지질환경연구소에서 박사후 연수연구원으로 근무하였고, 학위 과정부터 지질환경연구소에서 근무하는 동안은 신원생대 시기 눈덩이 지구 사건(Snowball Earth event)과 연관하여 당시 한반도에서 어떤 일이 일어났는지를 연구하였다. 2022년 9월부터 한국해양과학기술원 대양자원연구부에서 선임급 연수연구원으로 근무하고 있으며, 심해자원으로 연구 영역을 확장하여 심해 열수분출공 및 망간각 등에 관한 연구를 수행하고 있다.

진로를 고민하는 이들에게 길잡이가 되길 바라며

평소 친분 있던 부산대학교 공동실험실습관 박사님의 제안으로 양성평등정책포럼 2기 과학기술분과 위원으로 활동하게 되었다. 젊은 여성 지질학자로서 여러 분야에서 활동하는 전문가분들과 의견을 나눌 수 있는 좋은 기회가 될 거라는 말씀에 잠시 고민하고 참여하겠다고 말씀드렸다. 첫 모임에서 각자 간단하게 자기소개를 하며 인사를 나눴고 나의 이력과 전공을 들으신 한 교수님께서 집필 참여를 제안하셨다.

분과 활동과는 달리 '네, 하겠습니다. 해 볼게요!'라는 대답이 선뜻 나오지 않았다. 박사 학위에 잉크도 마르지 않은 채 이제 막 연구원 생활을 시작한 내가 어떤 경험담을 나눌 수 있을까 하는 우려 때문이었다. 내가 겪어 온 여러 경험과 과정이 진로를 고민하는 어린 학생들에겐 또 다른 길잡이가 될 수 있을 것 같다며 편안하고 가벼운 얘기로 풀어 주면 좋겠다는 교수님의 거듭된 말씀에 작은 용기를 냈고, 이렇게 『세·바·여』 집필진으로 참여하게 되었다.

언론인이 되고 싶었던 문과생이
이학박사 학위를 수여받기까지

언론인이 되고 싶었던 문과 여고생이 지질학 전공으로 이학박사가 되는 동안 참 많은 일들이 있었다. 부침을 거듭하기도 했지만 지금 와서 돌아보면 그것들을 그때그때 잘 극복했기에 이런 나의 경험담도 나눌 수 있지 않을까.

사실 나는 수능을 치기 전까지만 해도 나의 대학 생활에 대한 별다른 걱정이 없었다. 고등학교 3년 내내 반장도 했고 영어 등급이 애매하긴 했지만 웬만한 과목들은 원하는 대학 학과에 진학할 정도는 충분히 나왔던 데다 문과생들이 힘들어하는 수학도 정말 재밌었고, 또 논술시범학교로 선정된 모교의 열정적인 문학 과목 선생님들 덕분에 논술 공부도 체계적으로 2년간 꾸준히 했기 때문이다.

인생사 새옹지마라 했던가. 수능을 시원하게 말아먹고 원하는 대학은커녕 교차 지원까지 해야 할 지경이었다. 여태 받아 본 적 없었던 절망적인 수능 성적이었지만 재수할 용기는 없었고, 통학 거리가 먼 해양대학교까지 갈 의지도 없었기 때문에 속된 말로 보험 드는 심정으로 성적을 한참 낮춰 부경대학교 이학계열로 교차 지원하게 되었다.

나처럼 교차 지원해서 같은 학부, 같은 전공학과로 배정받은 고3 같은 반 절친했던 친구가 있었는데 우리도 원서 쓰고 나서야 같은 곳에 지원한 걸 알게 됐었다. 여하튼 그 친구와 함께 눈물 훔쳐 가며 F, D 학점으로 물리, 화학 등 교양 필수 과목을 겨우 이수하고 부족한 학점은 문과계열 과목에서 채워 나가면서 새내기 생활을 버텼다.

2학년이 되고 그 친구와 나 둘 다 나란히 지질학과로 배정되었다. 낮은 1학년 성적 덕분에 우리 둘 다 희망했던 1순위 학과는 가지 못하고 후순위 학과였던 지질학과로 가게 되었는데, 전공수업을 들으면서 학교생활이 점점 재밌어졌다. 사실, 난 문과로 진학하긴 했지만 고등학교 입학하자마자 치른 과학경시대회에서 1학년으론 유일하게 지구과학 부문에서 최우수상을 수상했던 만큼 지구과학 과목을 좋아했고 흥미 있었다.

지질학은 지구과학 심화학습 과정 같았다. 새내기 시절 눈물로 버텼던 물리학과 화학을 지질열역학, 지구화학 등의 전공과목으로 다시 만났는데 이상하게도 더 어렵지만 할 만했고 심지어 재밌기까지 했다. 이해 못한 부분은 풀이 식을 달달 외워 가며 시험 쳤고 웬만한 전공과목은 A 이상의 학점으로 이수했다.

새내기 때 받은 D, F 학점들을 만회하느라 재수강에 계절학기까지 정신없이 들으며 그렇게 4학년이 되었고, 취업과 대학원 진학의 기로에서 그 친구와 나는 대학원 진학을 선택했다. 친구와 나는 다른 동기들에 비해 2학년 2학기부터 비교적 일찍 연구실 생활을 시작했는데 지도 교수님, 그리고 연구실 선배들이 너무나도 선한 분들이셨기에 우리 둘 다 큰 고민 없이 석사 진학을 선택할 수 있었던 것 같다. 지도 교수님께선 학부생이었던 우리에게 많은 학회 참여 기회를 주셨고, 수많은 야외 조사에 데리고 다니시며 현장에서 느낄 수 있는 지질학의 매력을 한껏 느끼게 해 주셨다.

학부 과정 때보다 더 즐겁게 보낸 석사 과정이었지만 졸업논문을 작성하고, 논문 심사를 앞두고는 다시 진로 선택의 기로에 서게 됐다. 지도 교수님께서 우리 둘에게 박사 과정 진학을 권하셨을 때 둘 다 손사래 치며 "박사 과정 생각은 있지만 지금은 아닌 것 같아요." 하고 정중히 거절했었다. 그런데 막상 논문 발표를 준비하다 보니 그제야 내가 어떤 걸 공부하고 있었고 어떤 부분을 더 분석하고 연구해서 채워 나가야 하는지가 보였다.

이대로 취업 준비를 하기엔 공부에 대한 아쉬움이 남을 것 같았는데, 그 마음을 꿰뚫어 본 한 선배가 저녁을 사 주며 "나는 네가 공부를 더 했으면 좋겠어. 논문 발표하는 거 보니 앞으로 더 잘할 것 같아."라며 박사 과정 진학을 적극적으로 권했다. 그 말에 내 마음이 동했고, 다음 날 교수님께 박사 과정 진학하겠다고 마음먹었다 말씀드렸더니 정말 흔쾌히 맞아 주셨다. 그렇게 나의 학교생활은 조금 더 연장되고 있었다.

학위 과정은 이른바 '맨땅에 헤딩'

흥미로 시작했던 석사 과정, 그리고 석사 과정 동안 배움이 부족하다 생각해서 결정한 박사 과정. 열정 넘치게 시작한 박사 과정이었는데 휴학 한 번 없이 쭉 달려온 탓일까, 박사 1년 차 때 고비가 찾아왔다.

똑같은 학교생활이 무료해질 무렵 우리 학과가 일본 니가타대학 지질학과와 자매결연을 맺은 후 진행한 첫 공동 심포지엄에 참석하게 되었다. 그곳에서 복수학위제(Double Degree Program, DDP)를 알게 되었고 당시 함께 참석했던 학과장 교수님께서 나에게 DDP 학생으로 일본에서 공부해 보는 건 어떨지 진지하게 고민해 보면 좋겠다고 제안하셨다.

해외 유학은 생각해 본 적도 없고, 더군다나 일본이라니. 나는 일본어를 할 줄도 모르는데…. "고민해 보겠습니다."라는 대답으로 에둘러 거절하였는데, 학과장 교수님께서 여러 번의 통화와 면담으로 나를 설득시키셨다.

예정에 없던 급작스러운 유학 결정이라 반대할 것 같았던 부모님께서도 도리어 좋은 기회인 것 같으니 지원해 주겠다며 나보다 더 적극적으로 찬성하셨다. 그렇게 해외 박사 복수 학위 취득 결정 후, 암석학과 더불어 지구화학의 세부 전공 분야를 추가하여 2년간 일본에서 유학 생활을 했다.

일본에서의 시간은 내 인생에 있어서 가장 기억에 남을 시간이 된 것 같다. 히라가나만 겨우 떼고 입학한 니가타 대학. 다행히 지도 교수님께서는 반평생 일본에서 거주하신 인도분이시라 영어가 유창하셨고, 본인도 유학생 시절을 겪었기에 타국 생활을 시작한 나를 많이 배려하고 챙겨 주셨다. 또 한국인이라서 일본인 친구들이 더 관심 가져 주고 사소한 것 하나까지도 신경 써 준 덕분에 내 공부에만 집중할 수 있었다.

　특히, 기초과학 분야에서 상당히 전문적인 시스템을 갖추고 있는 일본의 교육 환경이 매우 만족스러웠다. 보통의 한국 대학에서는 학과 자체적으로 분석 장비를 보유하고 있지 않은 경우가 많기 때문에 분석 전문기관에 분석을 의뢰하는 경우가 대부분이다. 물론, 국내에서도 장비를 운용할 수 있는 기회가 많지만 학생 신분으로 여러 분석 장비를 직접 사용하고, 결과를 도출하는 것이 흔한 경우는 아니다.

　유학했던 니가타 대학, 좁게는 학과에서도 상당한 분석 장비를 보유하고 있었기 때문에 유학 기간 동안 시료 전처리부터 분석, 그리고 데이터 정리까지 모든 과정을 경험할 수 있었다. 더구나 국내 본인 연구 분야에서는 보편화되지 않은 분석법을 채택, 새로운 접근 방식으로 연구를 진행할 수 있는 기회를 얻게 되었고 이는 내가 가지게 된 큰 강점이라고 생각한다.

학위 논문의 핵심인 'Chemostratigraphy' 분석법은 여러 분야에서 활용되고 있기는 하나, 연구 지역인 옥천변성대와 태백산 분지에 분포하는 시대 미상 탄산염암에 대해서는 새로운 접근 방식의 분석법이다. 따라서 내 연구의 분석 결과들은 기존에 보고된 바 없는 새로이 보고된 것이 많으며 이는 곧 한반도 지각진화사에 대한 새로운 해석의 도출과 연결된다.

해당 연구 지역에 관하여 기보고된 국내 참고 문헌이나 지화학 데이터들이 거의 전무했기에 데이터 수집이 연구의 첫 단계이자 목표였다. 야외 조사를 통해 야외 산상을 관찰하였고, 시료를 박편 제작하여 구성 광물을 관찰하였다. 또한 시료 전처리 후 미량원소와 동위원소 분석들을 통해 지화학 데이터와 연대 데이터 등을 확보하여 나만의 데이터베이스를 구축해 나갔다.

다량의 데이터 확보는 나의 노력 여하에 달려 있었기 때문에 심적으로나 체력적으로 고된 날이 많았고 때때로 좌절감도 느꼈다. 그러나 과거 적합한 분석 방법을 찾지 못해 미해결의 과제로 남아 있던 연구 지역에 대해 나 역시 모든 수수께끼를 푼 것은 아니지만 새로운 해석과 이에 대한 새로운 지층서를 제안할 수 있었다. 또한 모든 과정을 직접 수행하였기에 당시의 노력과 성취감이 이후 새로운 일을 시작하기 앞서 오랜 시간이 걸릴지라도 할 수 있다는 자신감과 도전 정신의 자양분이 되었다.

정량적 결과의 부재: 도약을 위한 웅크림

박사 학위 연구 주제가 국내에서는 다소 생소하였기에 연구 지역에 적용 가능한 참고 문헌이나 정량적 데이터를 수집하고 해석하는 데 많은 어려움이 있었다.

이로 인해 박사 과정 시작 당시 목표했던 학위 취득 기간보다 상당히 더 긴 시간이 소요된 반면, 현재까지 발표한 논문 편수는 애초 목표보다 적기에 나의 학위 과정이 '공백기'로 비춰지지는 않을까 하는 부분이 가장 염려되었다.

그러나 내 연구 주제와 관련하여 국내 선행연구가 부족한 만큼 본인 연구의 희소 가치는 높아질 것이라는 확신이 있었다. 따라서 저어콘 연대 측정 등 이전부터 수행해 왔던 연구에 관한 전문성과 더불어 안정동위원소에 관한 희소성 있는 연구 역량을 지녔음을 강점화하고 싶었다. 또한 공백기라고 언급한 기간 동안 약 50회의 야외 조사와 분기별 1회 이상, 각종 분석을 직접 수행하여 실무 능력을 갖추었다.

그뿐만 아니라, 유학 기간 동안 일본, 인도 등 여러 나라의 저명한 연구자들과 연구 인프라를 구축하였다. 비록 정량적인 논문 편수는 부족하다고 판단될 수 있지만, 그 과정에서 내가 쌓아 온 경험들은 앞에서 얘기한 바와 같이 시간은 다소 걸릴지언정 해낼 수 있다는 자기 확신의 밑거름이 되었고 도전 정신의 기반이 되었다.

여성 지질학자로 살아가는 나의 애티튜드

지질학을 전공한 학부, 대학원 학생들의 남녀 비율은 절반 정도였다. 물론 기초지질이냐 응용지질이냐에 따라 그 비율은 조금씩 차이가 있었지만. 그러나 전공을 살려 연구소나 공사, 공단에 입사한 선후배들을 생각해 보면 확실히 남성의 비율이 점점 높아진다. 현재 근무 중인 해양과학기술원(KIOST)의 소속 부서만 생각해 보아도 남성 연구원의 비율이 압도적이다.

여성이기 때문에 더 불리하다기보다는 여성이 처한 환경과 육체적인 부분에 있어서 남성과 차이가 있다고 생각한다. 결혼 및 육아 등은 보통 여성에게 많은 짐을 지우는 경우가 많다. 또 강한 체력을 요하는 일에 있어서는 여성보다 남성이 유리한 것이 사실이다. 하지만 여성이 갖

고 있는 섬세함, 창의성 등을 잘 활용한다면 조직에서 충분히 인정받을 수 있을 것이라고 확신한다. 그리고 여성이라고 해서 배려받길 바랄 것이 아니라, 남성 이상의 독한 마음을 갖고 일을 해야지 사회적인 성취도 얻을 수 있을 것이라 믿는다. 나 역시 그렇게 생활하고 있고.

나의 경우만 하더라도 지질학을 전공하며 체감한 부분이 많다. 물리적인 조건상 무거운 시료 운반 등 남성들의 역할이 큰 부분이 많지만, 여성인 나 또한 세세히 시료 특징을 기재하는 등의 분명 다른 필수적인 역할을 수행하고 있었다. 결론적으로 여성도 자신이 잘할 수 있는 부분에서 열정을 다한다면 남성 연구자들과 상생하며 그 분야에서 최고가 될 수 있다고 생각한다.

'우보천리'의 연구길을 걷고 있는 연구자 하영지

육상의 암석을 대상으로 연구했기 때문에 현재 박사 후 연수연구원으로 근무하고 있는 KIOST와의 접점에 관해서는 생각하지 못했었다. 그렇기 때문에 해양의 암석이나 퇴적물에 대해서는 다소 낯선 부분이 있는 것은 사실이었다.

고교 시절 문과생이었던 내가 이과생으로 대학 생활을 시작했을 때, 석사 과정 동안 쇄설성 변성퇴적암을 주로 연구하던 내가 일본 유학을 결정하며 박사 과정 중간에 새로이 탄산염암 연구를 시작하게 되었을 때 맞닥뜨렸던 어려움이 새삼 기억난다. 낯선 등가속도 문제와 화학식을 외우고, 다루던 시료와는 새로운 시료에 대한 적합한 분석 방법을

찾는 것부터 시료 전처리, 데이터 해석 등 스스로 개척해 나가야 했던 부분이 많았다. 하지만 새롭게 배워 나가는 과정에서 느낀 성취감이 내가 한 단계 더 성장할 수 있는 자양분이 되었다.

내게 있어 새롭게 배우고, 도전하며 시작하는 것은 두렵다기보다는 도전 의식을 고취시키고 설렘마저 느끼게 하는 것 같다. 유학 시절 나를 바꾸게 한 명언이 있다. "어제와 똑같이 살면서 다른 미래를 기대하는 건 정신병 초기 증세다." 알버트 아인슈타인의 한마디이다. 제자리걸음을 하는 것 같아 좌절감을 느끼면서도 아이러니하게 무엇도 손에 잡지 못하고 있던 어느 날 읽은 글귀였다.

어제보다 오늘 한 가지 더 했다면 어제와 다른 새로운 오늘을 사는 것이다. 하루아침에 당장 바꿀 수 있는 것은 없지만 하나씩 해 나가다 보면 소의 걸음으로 천 리를 가듯, 어느새 목표 지점에 도달해 있을 것이다. 그 믿음으로 나는 오늘도 새로운 한 걸음을 뗀다.

4장

소통

Communication

함께 성장하는
'같이'의 가치

소통과 공유는
긍정적인 결과를 이끌어 낸다

김지은

한국자동차연구원 자율주행기술연구소 선임연구원

경북대학교 전자전기컴퓨터학부에서 학사 학위를 취득한 후, 과학기술연합대학원대학교 컴퓨터소프트웨어공학에서 석사 학위를 취득하였다. 아산생명과학연구원/울산대(겸직)에서 인공지능기반 의료영상처리 및 분석 연구를 수행하였다. 현재는 한국자동차연구원에 재직하면서 자율주행 분야에서 인공지능기반 컴퓨터비전 전문가로서 연구·개발·기획에 참여하며, 다수의 정부 연구 프로젝트 수행 및 특허, 논문 실적을 보유하고 있다. 더불어 '모빌리티-헬스케어' 분야의 융복합을 추진하며 새로운 도전을 시도하고 있다.

'재미'있는 도전은 소통을 통해 완성된다

슈미트 구글 회장이 십여 년 전 "젊을 때 도전하라."라고 이야기했다는 기사가 난 적이 있다. 이 기사를 보고, 주변 사람들이 내 이야기를 하는 것 같다고 얘기한 적이 있다. 주변 사람들이 보기에, 나는 늘 새로운 것을 시도하고 도전하는 사람이었다. 하지만 사실 난 도전을 좋아한다기보다는 재미있는 것을 선택한 것뿐이었다.

학부 시절부터 생각해 보면, 내가 재학했던 경북대 전자전기컴퓨터학부는 2학년을 마치고 나서 세부전공트랙을 선택해야 했다. 당시 취업률이 가장 좋은 반도체나 전기 트랙이 아닌 정보통신 트랙을 선택한 것은 확률과 디지털신호처리 수업이 재미있어서였다. 이 선택 또한 남들이 보기에는 도전이었다고 한다. 이후 학부를 마치고 대학원을 진학했을 때 컴퓨터공학을 선택한 것 또한 작은 도전이었으나, 사실은 흥미로운 분야를 선택했을 뿐이었다.

컴퓨터비전 전공자가 의료영상 분야에 뛰어든 것 역시 나의 흥미를 좇은 것이었다. 이는 내가 생각하기에도 꽤나 큰 도전이었다. 사실 지금이야 비전랩이나 회사에서도 의료영상처리를 하는 곳이 많지만, 그 당시만 해도 드물었다.

하루 종일 다양한 분야의 의사들과 회의에 참가했고, 다양한 이슈와 니즈가 회의 시간에 쏟아져 나왔지만 대부분의 의학용어가 생소했던 나는 알아듣지 못했다. 매일 회의가 끝나고 리뷰하는 시간이 회의 시간보다 길어지면서 힘들고 지칠 법했지만, 나는 오히려 새로운 것을 접하는 것이라 신기하고 재밌는 마음이 더 컸던 것 같다.

3개월 정도가 지났을 때 비로소 회의 내용을 제대로 알아들을 수 있었고, 6개월 정도가 지났을 때 내 의견을 조금씩 피력할 수 있었다. 그리고 1년 정도가 지났을 때부터 연구 실적이 나타났다. 다양한 의료전문가들과의 소통의 기회는 나에게 메디컬필드에 대한 사전지식과 의료영상에 대한 이해를 선물했고, 컴퓨터비전 전공자의 인사이트와 의료영상에 대한 의학적 시각의 이해가 융합되면서 시너지가 나타나기 시작한 것이다.

나는 그 이후 다양한 연구 논문 실적과 기술이전 등의 성과를 이루었다. 그 당시 알파고 등의 이슈로 인공지능이 각광을 받은 트렌드와 의료인공지능에 대한 관심도 한몫했다. 그러면서 나에게 좋은 기회들이 찾아왔다. 그 기회들이 찾아왔을 때, 나는 또 다시 새로운 선택을 하게 되었다. 바로, 자동차 분야를 선택한 것이다.

그 당시만 해도 나는 장롱면허이며, 자동차에 대해 막연한 관심만 있었다. 나는 자동차 분야에 흥미를, 아니 더 정확히 말하면 자율주행 분야에 메디컬지식을 융합하고 싶은 욕구와 이에 대한 흥미와 호기심을 갖고 있었을 뿐이다. 그리고 몇 차례 새로운 선택으로 얻은 작은 성공들은 새로움에 대한 두려움보다는 기대감을 갖게 해 주고, 성공할 수 있다는 막연한 자신감마저 심어 주었기 때문에 서슴없이 선택할 수 있었다.

그리고 나는 지금 현재, 자율주행과 메디컬지식을 합친 '모빌리티-헬스케어'를 융합하는 분야를 만들기 위해 다양한 의료 분야 전문가, 컴퓨터비전 전문가, 모빌리티 전문가들과 함께 의견을 나누며 고군분투 중이다. 또한 5년, 10년 뒤에 다시 이 글을 읽게 되었을 때에는 내가 '모빌리티-헬스케어' 분야의 대가로 성장하고, 또 다른 분야를 개척하고 있었으면 한다.

현재 많은 기술들은 훨씬 세분화되고 전문화되고 있다. 그리고 이러한 세분화되고 전문화된 기술들은 유기적으로 연결되어 있다. 그렇기 때문에 다양한 분야에 대한 전문지식에 대한 이해, 즉 지식의 통합·통섭이 무엇보다 중요한 시대가 되고 있다. 그러나 혼자서는 모든 분야의 전문가가 될 수 없다. 우리는 슈퍼우먼이 아니니까. 이 시대에 무엇보다 중요한 것은 소통이며, 다양한 분야의 전문가들이 모여 전문지식을 모아 융합하는 것이 중요하다고 생각한다.

이 글을 읽는 후배들이 있다면, 재미를 좇는 것도 도전하는 것도 응원한다. 그리고 그 도전에는 항상 다양한 의견을 수렴할 수 있는 마음가짐, 그리고 주변의 전문가들과 열린 마음으로 소통하는 자세가 밑바탕이 되어야 한다고 말해 주고 싶다.

자신의 분야에 대한 자신감이 생기고, 세월이 지나감에 따라 아집이 생기는 경우를 많이 보아 왔다. 물론 자신만의 신념은 분명 중요하다. 그러나 그것만큼 중요한 것은 다른 사람들의 지식과 의견을 수용하고 소통하는 자세라고 생각한다. 그 밸런스를 잘 맞출 수 있기를 바라며, 나 역시 나 자신에게 당부하고 싶은 말이기도 하다.

선택의 순간에 함께한 멘토들

올해 우리 연구원의 원장님의 신년사에는 이례적으로 인기 드라마에 대한 언급이 있었다. 그 드라마는 〈재벌집 막내아들〉로, 주인공이 과거로 회귀하여 이미 알고 있는 미래의 정보들을 활용해 인생 성공한다는 스토리다. 근래에는 이런 '과거 회귀'라는 소재로 드라마, 웹툰, 웹소설 등 다양한 시리즈물이 등장하고 있을 만큼 하나의 트렌드가 되었다. 그만큼 많은 사람들은 되돌리고 싶은 자신의 과거가 있는 것일까?

"만일 과거로 돌아간다면 언제로 돌아가고 싶으세요?"라는 질문이 나에게 주어진다면, 나는 이렇게 답하고 싶다.

"글쎄요, 꼭 과거로 시간을 되돌려야 하나요? 그냥 현재를 살고 싶습니다."

그렇다고 내가 현재의 삶에 100% 만족한다는 의미는 아니다. 심지어 나의 지난 과거는 이불 킥할 만한 수많은 시행착오의 경험들로 점철되어 있음에도 불구하고, 나는 내 인생의 시계를 과거로 되돌리고 싶지는 않다. 그만큼 과거의 내 자신의 선택을 존중하며, 치열하게 살아왔고 그 결과에 후회되는 일도 있지만 그 역시 지금의 나를 만들었다고 생각한다. 그리고 그 선택에는 수많은 내 인생의 멘토들이 함께 했다.

중·고등학교 시절, 나는 수학을 꽤 좋아하고, 잘하는 아이였다. 대구 수성구 학군의 중·고등학교에서 매번 학교 대표로 수학경시대회, 올림피아드를 나가기도 했었다. 그러나 막상 대학의 전공을 정할 때는 고민이 많이 되었다. 아무래도 수학과 같은 순수학문은 흔히 말해 돈을 벌기 쉽지 않다고 느꼈기 때문이다.

그 고민 속에 나는 부모님, 담임 선생님 등 내 주변의 많은 사람들의 조언들, 특히 의료기기 개발을 하시는 부모님의 친구분의 멘토링을 통해 진로를 선택했다. 그리고 이직의 고민에 빠졌을 때 역시, 주변 동료들의 조언과 같은 분야에 종사하고 있는 지금의 남편의 대화를 통해 결정을 내렸다.

이렇게 큰 이슈가 아니더라도, 인생은 수많은 선택들의 연속으로 이루어져 있다. 오늘 아침 메뉴로 뭘 먹을지부터, 일을 할 때 방향성을 어떻게 잡을지, 어떤 방식으로 할지 등의 선택은 모두 나의 판단으로 내려진 결정이며, 그 책임 역시 오롯이 내 몫이다. 하지만 이러한 선택에 있어서 많은 인생 선배들, 수많은 멘토들의 조언은 조금 더 후회 없는 선택을 하게 만든다고 생각한다.

인생의 멘토는 특별한 것이 아니다. 내 주변에 나를 사랑하고 나를 아끼는 모든 사람들이 내 인생의 멘토이며, 나 역시 내가 사랑하고 아끼는 모든 사람들의 멘토가 되어 줄 수 있다. 고민되는 일이 있다면, 그 고민을 혼자만 안고 있지 말고 주변의 수많은 현명한 멘토들과 공유하고, 고민하는 과정을 거쳤으면 좋겠다. 그러기 위해서는 나 자신을 드러내 놓고 표현하는 것을 두려워하지도 말고 부끄러워하지 않는 연습을 했으면 좋겠다.

요즈음 자신의 의견을 말하는 것은 잘하지만, 막상 자신의 속마음과 고민을 공유하지 못하고 혼자 끙끙 앓는 사람들이 많다고 한다. 나의 모든 고민과 마음을 공유할 수는 없지만, 가능한 범위에서 표현하고 공유해서 서로가 서로에게 의지가 되는 멘토가 되어, 긍정적인 영향을 줄 수 있으면 좋을 것 같다.

일과 삶의 융합

즐거움과 고됨을 동시다발적으로 느끼게 되는 사회생활을 오래 지속하기 위해 무엇보다 중요한 것은 내 삶의 중심을 바로잡는 것이라고 생각한다. 그래서 나 역시도 내 삶의 활력소를 채우기 위해 여러 가지 활동을 하고 있다.

특히, 가장 최근에 기억에 남는 것은 올해 1월 초에 연차를 쓰고 회사 동료들과 함께 간 한라산 등반이었다. 설산의 등반 자체가 처음이고, 의외로 몸치에 겁도 많은 편이라 등반을 포기하고 내려가고 싶었다. 그러나 동료들과 함께 으쌰으쌰하며 올라가는 그 과정이 공동체의식도 다지게 되는 계기도 되고 서로에 대한 유대감도 쌓는 과정이었다. 무엇보다 목적지에 도착했을 때 펼쳐지는 하얗게 펼쳐진 설원의 풍경과 한겨울 흠뻑 젖은 땀이 시원한 바람으로 말라 감을 느낄 때에는 지난 한 해 동안 묵은 스트레스가 한순간에 날아가 버리는 것 같은 느낌을 받았다.

또한, 올해부터 우리 연구원에서 기관의 문화를 긍정적인 방향으로 이끌기 위해 신설된 조직문화혁신위원회 1기 기수장을 맡게 되면서 나와 조직 모두가 성장해 나가는 계기가 되었다.

특히, 내가 낸 아이디어로 체육대회에서 조직문화혁신홍보 부스를 만들어 다양한 우리 원 구성원들의 참여를 독려하고 긍정적인 평가를 들으면서 내가 속한 기관의 성장에 기여했다는 성취감과 보람도 느끼게 되었다. 더불어 조직문화가 무엇인지 그리고 현재 우리 기관의 문화수준을 점검하는 다양한 교육과 활동을 통해 내가 현재 고민하고 있는 일과 내 삶의 관계에 대해서도 생각해 보고 깨달음을 얻게 된 계기가 되었다.

예전의 나에게는, 회사와 관련된 모든 키워드가 스트레스로 다가오던 시기도 있었다. 흔히 이야기하는 워라벨(Work-Life Balance)을 추구하며 일과 삶의 분리를 시도하고 있었지 않았나 싶다. 마치 일을 하기 싫은 것으로 치부하면서 말이다. 그런데 이 분야는 나 스스로 재밌고 흥미롭기 때문에 선택한 것이다. 일을 하는 내 모습 역시 삶의 일부이다. 그래서 '회사', '일'을 굳이 삶과 경계 지을 것이 아니라, 그 경계선을 조금은 모호히 하면서 일과 삶을 융합하는 워라블(Work-Life Blending)을 추구하는 게 어떨까 싶은 생각이 들었다. 그리고 회사 구성원들과의 긍정적인 추억들과 조직 내 다양한 활동은 일과 삶을 융합시켜 주는 좋은 방법이 되어, 내 삶에 활력소를 불어넣어 주었다.

맺음말

선배님들의 수많은 노력으로 과거에 비하면 여성이 경제활동을 하기에 좋은 시대가 되었지만, 아직도 여성의 사회활동에 있어서는 보이지 않는 차별적 시선이 남아 있는 것 같다. 나 역시도 선배님들과 같이 더 많이 노력하여, 앞으로 후배님들의 시대에는 이 차별적 시선이 조금씩 더 사라졌으면 하는 바람이다.

느리지만 꾸준하게
한길을 걷는다

박지영

한국교통연구원 모빌리티전략 · 국제협력팀장

캘리포니아주립대학교 토목환경공학과에서 공학박사 학위를 받은 후, 2009년부터 한국교통연구원에서 연구자로 일하고 있다. 서울대학교 도시공학과에서 학사와 석사 과정을 마쳤으며 이후 서울연구원에서 약 3년 넘게 연구원으로 일했다. 현재 주로 전기차와 수소차 등 친환경차 기술 관련 연구를 진행 중이다. 보람 있는 일에 몰두하는 것이 인생의 중요한 과업이라고 생각하며, 후배들도 일하는 즐거움을 느낄 수 있는 자리에 서길 바라며 이 원고를 썼다.

들어가며

여름에 피는 수국은 토양의 성분에 따라 꽃잎 색깔이 달라진다고 한다. 사람도 수국처럼 뿌리를 내린 터전에 따라 삶의 양상이 달라지는 것 같다. 특히 나 자신을 돌아보면 본인의 노력보다는 내가 선택한 환경이 현재 삶을 형성하는 데 더 큰 영향을 미쳤다고 생각한다. 그래서 지금 내가 느끼는 행복은 나를 둘러싼 환경과 사람들의 공이 크다.

여기까지만 봐도 짐작하겠지만 이 글은 역경을 극복하고 강한 의지로 삶을 변화시키는 성공 스토리는 아니다. 오히려 나는 주어진 환경에 순응하며 거기에 잘 뿌리내리고 살아가는 사람에 가깝고, 내 삶에는 극적인 환희나 슬픔은 많지 않다. 하지만 지금 자신에게 만족하며 행복하게 살아가는 사람으로서, 선택의 기로에서 고민하는 후배들에게 내 이야기가 아주 작은 도움이라도 될 수 있기를 바라며 이 글을 쓴다.

나의 일터

솔직히 나는 학부 시절부터 눈에 띄는 모범생은 아니었다. 부끄럽지만 요즘 동창 모임에 가도 공부 안 할 것 같던 녀석이 제일 공부를 오래 했다며 놀림당하고는 한다. 그렇지만 나는 대학 동창 중에도 흔치 않은, 학부 전공으로 석·박사 학위를 받고 해당 분야 경력을 20여 년이라고 쓸 수 있는 '전문가'다.

애초 이렇게 되겠다는 구체적인 목표는 없었으나 결과적으로 한 우물을 파게 된 비결은 무엇보다 자신과 잘 어울리는 일을 선택한 내 안목 덕분이라고 감히 생각한다.

내가 졸업한 서울대학교 도시공학과는 지금은 건설환경공학부가 됐지만 당시는 20명 남짓 작은 규모였다. 정확히 말하면 토목공학과에서 도시공학 전공을 분리하여 학과를 구성한 것인데 전공과목으로 도시계획, 도시설계, 교통공학, 환경공학 등을 배웠다. 당시 도시공학과는 상대적으로 역사가 짧은 학과였는데 우리나라 도시화가 빠르게 진행되면서 도시에서 발생하는 주거, 교통, 폐기물, 환경 문제 등 다양한 사안을 체계적이고 효율적으로 운용할 수 있는 학문이 필요했으리라 짐작한다.

대학을 선택하기 전 나는 과학고를 다니고 있었지만, 전통적인 과학도의 꿈은 없었고 막연히 인문학이나 사회학 쪽이 더 멋져 보여 진로를 고민하고 있었다. 그런 점에서 사람이 모여 사는 공간을 만드는 도시공학과는 내 바람과 잘 맞았다. 특히 현상을 숫자로 이해하고 설명하는 것을 좋아하는 나에게 교통공학은 흥미로운 주제였다. 결국 나는 학부 졸업 후 모교 교통공학 연구실에서 석사 과정을 거쳐 몇 년간 서울연구원 도시교통연구본부에서 위촉연구원으로 일한 뒤 미국 캘리포니아주립대(UC Irvine) ITS(Institute of Transportation Studies)에서 박사 학위를 받았다.

지금 내가 일하고 있는 한국교통연구원은 국무총리실 산하 국책연구기관으로 교통정책과 기술을 연구하는 곳이다. 나는 미국에서 박사학위를 받은 후 2009년 연구원에 합류했다.

우리 연구원은 주로 교통공학, 도시공학, 산업공학 등 관련 전문학위를 가진 연구자들이 일하고 있으며 세종시 국책연구단지 한 자락을 차지하고 있다.

유학 생활 당시 대부분 한국 유학생은 박사 학위 후 교수가 되길 희망했지만 나는 좀 달랐다. 아카데미아는 내 성격에 비해 폐쇄적이고 보수적인 것 같았고, 좀 더 다양한 사람들과 일하는 게 좋았다. 또한 민간보다는 공공 영역에서 일하는 게 내가 전공하는 교통이라는 학문 취지에도 맞다고 생각했다. 그런 의미에서 우리 연구원을 일터로 선택한 것은 나의 또 다른 좋은 선택이었다.

내가 생각하는 정부 출연 연구기관의 큰 장점은 자율성이다. 물론 기관마다 분위기는 다르겠지만 여기서 나는 연구책임으로서 마음이 가는 연구를 선택할 수 있다. 물론 직장인으로서 살다 보면 마음은 내키지 않지만 어쩔 수 없이 해야 하는 일도 있다는 걸 안다. 하지만 마음과 머리가 함께할 수 없는 일은 영혼을 괴롭힌다. 마음이 있는 곳이라야 나의 노력도 보람차고 일의 성과도 좋다고 생각한다.

우리 연구원의 또 다른 장점을 꼽자면 비슷한 나이로 동시간대를 살고 있는 학교 선·후배와 여성 동료가 다수 있다는 점이다. 절친하지는 않아도 나와 공통된 환경을 공유하고 연대 의식을 갖는 동료가 있다는 것만으로 큰 힘이 된다. 요즘에서야 알게 됐지만 인생의 중요한 시기에 거의 매일 출근하는 일터에서 오랜 벗이 될 수 있는 동년배 동료를 만난다는 건 큰 행운이다.

나의 선생님

연구를 업으로 삼은 사람은 대부분 연구자로서 첫 영감을 부여받은 상대가 지도 교수일 것이다. 나도 석사와 박사 지도 교수님을 만나고 지도 교수로 선택할 수 있어서 큰 행운이었다. 두 분 모두 넉넉한 마음과 인내심으로 나를 지도해 주셨고, 대학원 연구뿐만 아니라 구직 시장에서도 나의 든든한 지원자가 되어 주셨다.

서울대학교 故 박창호 교수님은 석사 지도 교수이자 내가 더 긴 공부를 시작하게 만든 은사님이다. 지금도 교통공학 수업 시간에 저음의 멋진 목소리로 차량추종모형(car following model)을 설명해 주시던 모습이 선하다. 나는 그때가 지금의 일을 선택하게 된 결정적인 순간이라고 생각한다.

당연한 얘기를 글로 쓰려니 부끄럽지만 나는 중요한 선택에서는 자신의 마음을 살펴보고 그 영감을 따라야 한다고 믿는다. 그리고 교수님은 나를 포함한 많은 제자들에게 영감을 불어넣어 주신 고마운 선생님이시다. 아쉽게도 교수님은 2011년 가을 이른 연세에 암으로 운명하셨다. 너무 갑자기 돌아가셔서 교수님이 내 인생에 얼마나 소중한 인연이었는지 미처 감사드리지 못해 마음이 아프다.

나의 미국 유학 시절은 크고 작은 해프닝이 꽤 자주 있었는데 그래도 학위를 무사히 받을 수 있었던 것은 박사 지도 교수이신 제이 교수님(Dr. Jayakrishnan) 덕택이다. 박사 논문을 마치는 게 불가능하다고 생각했던 위기의 순간마다 교수님은 나를 위로하고 격려해 주셨다. 부끄럽지만 교수님과 미팅 중 감정이 북받쳐 울어 버렸던 일도 있었다. 다음 날 교수님 얼굴을 어떻게 볼지 고민하던 나에게 교수님은 당신 대학원 시절에서 가장 우울하고 힘든 순간을 공유해 주시며, 당신 오피스에서 운 학생은 너뿐만이 아니니 부끄러워 말고 출근하라는 메일을 보내왔다. 제이 교수님과 그 메일을 생각하면 지금도 마음 한편이 따스해지면서 내 마음속 인류애가 충전되는 느낌이다.

대부분 박사 유학의 첫 시작은 내가 연구하고 싶은 세부 연구 주제를 선택하고 그에 맞는 지도 교수님과 학교를 선택하는 것이다. 하지만 나는 그 과정에 대체로 무지했고, 부끄럽게도 학교 선택 기준도 국내에 잘 알려진 학교 랭킹 같은 나와 별 상관없는 요인만 생각했던 것 같다. 다행히 몇 학교에서 입학 허가를 받아 어디를 선택할지 고민하던 순간, 유학 생활에 밝은 고마운 선배의 조언 덕택에 나는 캘리포니아에 가기로 결정했던 것이다.

애당초 제이 교수님은 내가 선택한 지도 교수도 아니었다. 유학 생활에 무지했던 나는 입학 후 지도 교수 선택도 쉽지 않았다. 당초 펀딩을 약속했던 교수는 너무 많은 학생들을 받으면서 나는 후순위로 밀렸고, 임시 지도 교수로 선택한 분은 나에게 큰 관심은 없었다. 그러다가 내가 몇 개 수업을 들었던 제3의 교수님께서 새로운 연구 프로젝트를 같이하자고 제안했는데, 그분이 바로 제이 교수님이다.

몇 해 전 한국에 방문한 교수님을 만났을 때, 교수님께서는 당신이 입학 허가를 주지 않은 학생 중 지도 학생으로 선택한 사람은 네가 유일하다며 웃으셨다. 당시 교수님은 내가 들은 몇 개 수업에서 나를 눈여겨봤고, 새로운 프로젝트를 같이할 학생으로 나를 생각했다고 하셨다.

나에게 지도 교수는 단순히 논문 지도를 해 주시는 선생님만이 아니라 인생 롤모델로 존경할 만한 분이어야 한다고 생각한다. 지도 교수를 선택하는 과정에서 고민하는 후배가 있다면, 저 사람처럼 되고 싶다고 동경하는 마음이 있는지 잘 생각해 보길 권하고 싶다. 훌륭한 연구프로젝트와 논문 실적도 중요하지만, 연구를 업으로 삼기 위한 준비 과정에서 내게 좋은 길을 볼 수 있는 혜안을 길러 주고 지적 호기심을 잃지 않도록 격려해 줄 수 있는 좋은 선생님을 선택하길 바란다.

연구자를 희망하는 후배에게 해 주고 싶은 말

내가 생각하는 연구는 궁금한 연구 질문을 잘 정의하고 그 질문에 대한 해답을 찾아가는 방법과 내가 제시할 수 있는 최적해를 도출하는 과정이다. 그래서 연구자가 되기 위해서는 무엇보다 나의 지적 호기심을 자극하는 문제가 무엇인지 잘 생각해 보면 좋겠다. 만약 흥미로운 분야가 있다면 나에게 적합한 좋은 학교와 선생님을 열심히 찾아보길 바란다.

찬반 의견이 있겠으나 나는 자립 가능한 연구자가 되기 위해서는 박사 논문을 쓰는 경험이 매우 중요하다고 생각한다. 대부분 연구기관에서 일정 직급에 일정 수준의 학위를 요구하는 것은 타당한 이유가 있다. 논문 주제를 고민하고, 선행 연구에 대한 나만의 리뷰, 연구 방법을 선택하고 풀어 가는 과정 등 논문을 쓰는 경험은 나에게 적절한 연구 스타일을 찾는 데 큰 도움이 된다.

어디에서 일할지 직장을 선택할 때는 어떤 사람들과 일하게 되는지 먼저 살펴보면 좋겠다. 내 연구 주제를 함께 논의할 사람은 있는지, 나 혼자 해결하기 어려운 문제가 있을 때 같이 하자고 제안할 수 있는 동료가 있는 곳인지 따져 보면 좋겠다. 느려도 꾸준히 가기 위해서는 같이 걸어가며 서로를 응원해 주는 동료가 필요한 법이니까.

앞으로 나의 바람

작년 한 해 동안 연구연가를 보내며 나의 큰 화두는 '어떻게 오십 대를 맞이할 것인가'였다. 시력과 기억력 등 둔해지는 신체 능력도 고민이고, 나의 연구는 무엇을 주제로 어디까지 갈 수 있을지도 고민했다. 그러는 동안 나에게 롤모델로서 영감을 준 두 사람이 있었는데, 연구실 선배이신 목원대 도시공학과 박은미 교수님과 내 배우자인 김찬성 박사다.

박은미 교수님은 내 삶에 빠져 있던 유머의 중요성을 알려 주신 분이다. 간혹 관리자급에서 여성 비율이 적은 일터에서 일하다 보면 남자보다 더 치열하게 일하고 경쟁해서 유리천장을 깨야 한다는 강박감을 느끼기도 한다. 때로는 그런 노력이 필요하기도 하지만 나로서는 심신이 지치는 일이었다. 나는 박 교수님을 통해 우리가 즐겁게 일하기 위해서는 유머 감각이 얼마나 자주 필요한지 배웠다. 교수님처럼 나에 대한 박한 평가와 공정하지 못한 비난에도 유머로 대응할 수 있는 여유 있는 사람이 되고 싶다.

내 배우자이자 직장 선배인 김찬성 박사는 50대 연구자로서 내 롤모델이다. 아직도 그는 새로운 연구 주제를 탐색하고 흥미로운 논문이 있으면 누구든 연락해서 토론하길 즐겨한다. 70대가 되어서도 계속 연구할 수 있으면 좋겠다고 말하는 얼굴을 보면 "연구가 그렇게 좋냐?" 괜스레 핀잔하면서도 그의 열정이 부럽다. 나도 그처럼 오랫동안 연구하며 행복하다 느끼고 싶다.

마치며

나는 중요한 선택을 앞두고 고민할 때 고마운 분들에게 도움을 많이 받았다. 결국 그런 선택들이 내 안목이 됐고 덕택에 행복한 삶을 누리고 있다. 내가 쓴 이 글도 누군가에게는 작은 도움이 될 수 있길 바라며 글을 마친다.

지나고 보니 보이는 것들

이 수 진

한국과학기술정보연구원 데이터분석본부 책임연구원

고려대학교 전자공학으로 박사 학위를 취득한 후, 2010년부터 한국과학기술정보연구원 데이터분석본부 책임연구원에서 재직 중이다. 기업의 비즈니스 의사결정 지원을 위한 산업·시장분석, 중소기업의 R&D 기획지원, 신규 유망아이템 발굴 지원 등 중소기업의 기술사업화를 지원하고, 산업별 지식생태계 구축을 통해 지역 산업과 기업 성장을 지원하는 업무를 수행했다. 현재는 축적된 업무 경험을 기반으로 새로운 연구 영역을 발굴·기획하고, 연구 성과의 가치를 높이는 전략과 실행계획을 수립하는 전략·기획 업무를 수행하고 있다.

20여 년 전의 나와 닮은 여러분을 응원하며

처음 집필을 제안받았을 때의 당혹스럽고 난처했던 그때를 떠올려 본다. 여성 공학인 후배들에게 역할모델을 제시할 만큼 특별한 역량이나 경력을 가진 여성 공학인도 아닐뿐더러 여전히 나에 대한 고민이 많은 사람이기 때문에 집필진으로 참여는 무리라 생각했다. 그럼에도 불구하고, 최초의 타이틀을 여럿 보유한 날카로운 통찰력을 지닌 선배님께서 내게 집필을 제안한 데에는 그럴 만한 이유가 있지 않을까 싶었다.

미리 말씀드리자면 나는 도전을 즐길 줄 알고, 새로운 분야를 개척하면서 커리어를 쌓아 가는 진취적인 사람은 아니다. 하지만 지극히 평범한 나의 이야기로 자신의 역량과 진로에 대해 고민이 많을 20여 년 전의 나와 닮은, 여러분들에게 그 시절을 뒤돌아보니 아쉬운 것들, 그 시절을 지나오며 깨달은 것들을 함께 공유하고, 이런 평범한 나도 그러했듯 잘 헤쳐 나갈 여러분들을 응원하고 격려해 주고 싶다.

'당연히'라 생각했던 이공계부터 박사 과정까지

나는 정부출연 연구소, 민간 연구소, 대학교 등이 밀집된 과학기술 거점인 대덕연구단지 인근에서 학창 시절을 보냈다. 유년기에는 차를 타고 오랜 시간 논밭을 가로질러야 갈 수 있었던 연구원 잔디밭에서 메뚜기를 잡으며 뛰놀았고, 학창 시절엔 야간자율학습을 땡땡이치고 나와도 대덕연구단지 주변 그 어딘가였다. 주말에도 연구원으로 출근하고 연구에 매진하시는 아버지를 보며 자연스레 대덕연구단지는 내게 친숙하게 자리 잡았고, 무의식적으로 국가 과학기술 발전에 기여하고 싶다는 소명 의식이 생겼던 것 같다.

다행스럽게도 공학의 영역에서는 필수적인 수학을 너무나도 좋아했다. 명쾌한 답이 있어 좋았고 어려운 문제를 풀었을 때의 그 쾌감이 좋아서 학창 시절을 떠올리면 어느 방학 내내 수학 문제집을 들고 살았던 기억의 한 조각이 생각난다. 당연히, 다들 그러했을, 화장실 들어갔다 어쩌다 보니 오랜 시간 그곳에서 수학 문제 풀기 같은 집중력과 집요함이 있었던.

하지만 이공계는 내가 가고 싶은 길이 맞는 것 같은데 어떤 전공을 선택해야 할지가 고민이었다. 정확히 말하자면 여성 공학인의 길을 걸을 딸이 걱정된 아버지의 고민이시기도 했다. 어쩌면 기계공학인으로서 당신이 쌓아 온 연구 노하우를 멘토링하고 싶은 욕심도 있으셨을 거다. 하지만 그 시절 기계공학인으로서 여성이 역량을 펼치기에는 녹록지 않은 현실을 염려하셨기에 다양한 진로 탐색이 가능한 전자공학을 전공으로 선택했다.

누구나 그러하듯 대학 졸업 이후의 다양한 선택지에서 고민하는 시간을 보냈고, 진로 선택의 여러 순간마다 인생의 멘토인 아버지의 조언으로 박사 학위 과정까지 밟을 수 있었다. 하지만 누구나 자신만의 비하인드 스토리가 있듯 나 역시 학위 과정이 순탄치만은 않았다.

지나고 보니 아쉬운 것들, 마음의 여유 갖기

대학원 시절은 새로운 지식을 습득할 때의 설렘, 난관에 봉착했던 실험의 문제점을 알아냈을 때의 희열, 매번 프로젝트를 시작할 때의 기분 좋은 긴장감과 마무리했을 때의 성취감이 좋긴 했지만, 잘하고 싶다는 욕심과 한계에 부딪힐 것 같은 두려움, 그리고 잘 해내야 한다는 책임감이 앞서 그 순간들을 오롯이 즐기지 못하고 자신을 괴롭히는 힘든 시간이기도 했다.

"요즘은 여학생들이 더 잘한다."

어느 날 여러 대학원 연구실이 참여한 대기업의 큰 프로젝트 킥오프 미팅 때 내 발표를 마치고 기업 담당자와 프로젝트 책임을 맡은 교수님께서 하신 말씀이다. 그때는 내가 생각하는 연구 방향, 진행 중인 연구 내용으로 무난히 프로젝트가 시작됐다는 안도감도 있었지만 잘 수행해야 한다는 압박감이 커서 격려의 말씀조차 부담으로 다가왔다.

매주 프로젝트 책임 교수님과의 점검 회의, 매달 프로젝트 발주 기업과의 월간 회의는 매번 도망치고 싶던 순간들이었다. 늘 편두통을 달고 살았고, 극도의 긴장감에 꿈에서조차 연구가 지속되는 상황이었다. 더욱이 매주 월요일 아침 회의가 웬 말인가.

그런데 신기하게도 가끔씩 그렇게 괴로웠던 그 주간 점검회의가 생각나고 지나간 그 시간이 매우 아쉽고 그립기까지 하다. 티타임도 겸했던 주간 회의에서 교수님은 프로젝트와 상관없는 인문, 철학, 수학 등 분야를 가리지 않고 다양한 질문을 던지시고 학생들의 생각을 묻곤 하셨다. 그때는 불편한 시간으로만 여겨졌는데 오랜 시간이 지나고 나니 이제야 비로소 교수님의 의중을 알 것도 같다. 학생들이 마음의 여유도 갖고 자신의 연구에만 매몰되지 말고 다양한 분야로 사고를 확장하고, 생각을 유연하게 할 수 있기를 바라는 마음이셨다는 걸.

지난 시간을 뒤돌아보니 아쉬운 것들이 참 많다. 그 시절 사소한 부분이라도 자신을 칭찬하고, 결과가 좋지 않더라도 그럴 수도 있다는 여유로운 마음을 가졌으면 어땠을까. 실수해도 괜찮고, 부족하면 부족한 대로 당연한 거고, 부족함을 알고 채워 조금씩 성장하면 되는 시기인데 말이다. 그때의 나와 같은 분들이 있다면, 일에 대한 몰입은 필요하지만 긴장을 풀고 그 시간을 즐길 줄도 아는 여유를 가져 보길 바란다.

새로운 시작, '정보분석'으로 연구 영역 확장

대학원 시절 나는 유무선 네트워크에서 데이터 전송과 관련된 TCP/IP 관련 연구를 수행했다. TCP/IP는 컴퓨터들을 서로 연결하고, 데이터를 전송하는 데 사용하는 프로토콜로 주로 송수신자를 구별하는 IP 주소의 새로운 체계와 데이터 전송의 최적 경로 선택을 위한 라우팅 프로토콜을 연구했다.

일부 연구 결과는 국제표준특허 확보와 국제표준화 그룹(ISO/IEC JTC1/SC6)에서 표준 활동에 활용되었고, PCT 특허로 출원한 연구 결과는 관련 분야에서는 흔치 않던 기술 이전 성과로 이어졌다.

보통 이공계 대학원을 졸업한 대다수는 본인의 연구 영역을 활용해 직무 수행이 가능한 기업 또는 자신만의 연구 영역을 공고히 할 수 있는 대학, 연구소를 중심으로 구직 활동을 한다. 나 역시 학위 과정 동안 내 연구 분야와 연관된 정부출연연구기관들을 중심으로 입사 지원을 준비했었지만, 공교롭게도 내가 현재 재직 중인 한국과학기술정보연구원(KISTI)은 입사 지원 후보군에 없었다.

아는 만큼 보인다고 하지 않았던가. 다행히 운이 좋게도 해당 기관의 채용 소식을 접했고, 지금까지 쌓아 온 연구 영역만 고집하지 않고 내 역량을 펼칠 수 있는 곳이라면 어디라도 좋다는 열린 마음이 있었기에 입사 기회를 잡을 수 있었다. 물론 KISTI에는 내 전공과 밀접한 관련 연구 분야도 있었지만, 당시에는 공학계열에서 생소하게 느껴졌던 '정보분석' 키워드와 '이공계 전 분야' 박사 학위 소지자로 전공에 제한을 두지 않은 지원 자격이 너무나도 흥미로웠고, 다양한 도메인 전문가들과 함께 수행할 정보분석 업무들이 기대되었다. 그렇게 나의 새로운 도전은 시작되었다.

협업은 필수, 소통 능력과 자기 혁신 필요

입사 이래 재직 기간의 절반은 현장 중심의 기업지원 업무를 수행했고, 현재는 데이터분석 부문의 R&D 전략·기획 업무를 수행하고 있다. 기관의 연구 성과를 활용·확산하는 기업지원 부서에서는 KISTI의 인프라와 다양한 도메인 전문가로 구성된 인적 자원을 활용하여 기업의 기술사업화를 지원하고, 지역 특화산업별 산업계·학계·연구계·정부 전문가들로 구성된 다양한 지식생태계를 구축하고 활성화하는 업무를 수행했다.

좀 더 구체적으로 기업지원 업무는 기업 접점에서의 업무 활동으로 기업의 비즈니스 의사결정 지원을 위한 산업·시장분석, 중소기업의 사업화 성공률 제고를 위한 중소기업의 R&D 기획 지원, 그리고 신규 유망 아이템 발굴을 통한 기업의 사업다각화 지원 등 중소기업의 기술 사업화 단계별 애로 사항을 지원하였다.

또한, 지역 산업별 지식생태계 구축과 지자체와의 협력 관계 구축을 통해 전문지식 공유 및 협력, 지역의 수요 파악, 기업 지원 과제 발굴 등 지역 산업과 기업의 성장을 지원하는 현장 중심의 업무를 수행했다. 현재는 고객 접점에서 축적된 업무 경험을 기반으로 새로운 연구 영역을 발굴·기획하고, 연구 성과의 가치를 높이는 전략과 실행 계획을 수립하는 전략기획 업무를 수행하고 있다. 소속된 부서별 업무의 영역은 달랐지만 기존 부서의 업무 경험이 새로운 부서에서의 업무 기반이 되었다.

어느 곳이든 업무 수행에 필요한 공통점은 내부든 외부든 반드시 협업이 필요하고, 정부의 과학기술 정책과 대내외 환경 변화에 발 빠르게 대응해야 한다는 점이었다. 따라서 상대방과 원활하게 협업에 이르게 하는 소통 능력과 시대의 변화에 발맞추어 지속적으로 자신을 향상시켜 나가는 자기 혁신만큼 중요한 건 없다고 생각한다.

지금에 이르기까지 지나온 시간을 뒤돌아보며 느낀 건 불필요한 경험은 없다는 것이다. 좋으면 좋은 대로, 나쁘면 나쁜 대로, 당장은 나의 커리어와 관계가 없더라도 그렇게 쌓인 경험들은 인생의 어느 단계에서 결국 의미 있게 이어진다. 그러니 어려운 상황 속에 방황하거나 힘들어하는 후배들이 있다면, 이루고자 하는 방향으로 가기 위한 과정이라고 격려해 주고 싶다.

삶을 대하는 태도, 일에 임하는 자세, 함께하고 싶은 사람으로 성장하기

사실 정답은 없는 것 같다. 개인적인 가치관의 차이도 있겠고, 회사와 동료들도 다양할 테니 말이다. 나의 경우, 고리타분한 말일 수도 있겠지만 삶을 대하는 태도와 직장 생활에 임하는 마음가짐은 어머니와 법정 스님의 말씀에서 많은 영향을 받았다.

"덕을 쌓으면 언젠가 복을 받는다." 어렸을 때부터 불평불만이 있을 때마다 조금 더 손해를 보더라도 덕을 쌓는다는 마음으로 좋게 생각하고 베풀라고 어머니께서 하신 말씀이다.

그리고 법정 스님께서 생전에 자주 말씀하신 "네 덕, 내 탓". 당연하게 생각했던 일들을 뒤돌아보면 주변 분들의 배려가 있었기에 가능했던 일들이 대부분인데 미처 깨닫지 못하고 지나칠 때가 많다. 당연한 게 사실은 당연하지 않다는 것을 잊지 않으려 노력하고, 좋은 일이 생기면 먼저 주변분들께 감사함을 전하고, 나쁜 일도 나를 먼저 돌이켜 생각해 보고 개선 가능성을 발견하려 노력한다. 때론 일이 힘들고 버겁더라도 서로 배려하고, 그 배려를 감사히 여기며 일을 하다 보니 정말 나에게 '인복'이라는 복이 왔다. 그렇게 저렇게 좋은 분들과 엮이고 엮인다. 나의 장점을 알아봐 주심에 감사하고, 아낌없는 조언과 응원에 힘이 난다.

오래전 일인데, 지인이 바이칼 호수에 함께 갈 일행을 찾고 있었다. 극강의 I 성향인 난 그다지 흥미가 있지도 않았지만 이런 나에게까지 이 제안이 온 게 궁금했는데, 여행 일정을 듣고 경악했다. 동해항국제 여객터미널에서 하루 동안 여객선을 타고 블라디보스토크로, 블라디보스토크에서 시작되는 시베리아 횡단 열차를 3일 동안 타고 이르쿠츠크로, 이르쿠츠크에서 미니밴을 타고 5시간을, 페리를 타고 알혼섬으로 건너가 한 시간 정도 비포장도로를 달려 마을 중심에 있는 숙소에 도착해 며칠 머무르며 자연을 만끽할 계획이라고. 그래도 한국으로 돌아갈 때는 이르쿠츠크에서 비행기를 탄다고 한다.

얘기만 들어도 벌써 지치는 것 같지 않느냐며 세상 온갖 교통수단은 다 이용하는 고생스러운 여행을 누가 가겠냐면서 지인의 여행 일정을 친한 후배에게 얘기했다. 후배의 눈빛이 초롱초롱 빛나더니 갑자기 내 손을 덥석 잡고 애원한다. 본인의 버킷리스트라고. 내가 동행해야 가능한 여행이기에 고민에 빠졌지만, 예상했다시피 결론적으론 동행했고 귀국하자마자 공항에서 바로 재활의학과로 직행했을 정도로 몸은 고생했다.

내게는 나름의 도전이었고 그 도전을 가능하게 했던 건 바로 함께라면 좋은 사람이 있었기 때문이다. 난데없이 이 여정을 왜 이야기하는지 의아할 수 있겠지만, 비단 여행에만 적용되는 것이 아니라 일에서도 마찬가지라는 말을 하고 싶었다. 나 자신에게도 해 주고 싶은 당부의 말로 끊임없는 자기 혁신, 배려와 소통을 통해 함께 성장하고 싶은 사람, 새로운 프로젝트를 함께 도전해 보고 싶은 사람이 되길 바란다.

각 분야 여성 공학인 선배님들의 피나는 노력이 있었기에 평범한 나에게까지 지금 이 자리에 설 수 있는 기회가 주어졌다고 생각한다. 사명감을 가지고 치열하게 각 분야의 현장에서 활약하셨던 선배님의 노고에 감사드리며, 나 또한 여성 공학인 후배들에게 그런 선배가 될 수 있도록 노력하면서 여러분들과 함께할 그 날을 기대해 본다.

시베리아 횡단 열차

바이칼 호수

성장과 나를 움직이는 힘

정 유 경

전) 디즈콘 게임개발자/ 동서대학교 일반대학원 영상콘텐츠학과 석사 재학 중

울산과학대학교 디지털콘텐츠디자인을 전공하고 동서대학교에 편입하여 게임학과를 졸업했다. 학교 부설 아시아미래디자인연구소에서 신입생 적응을 위한 위치 기반 게임을 개발하고 해당 내용으로 개발 논문 작성을 한 경험이 있으며, 졸업 작품으로 캐릭터가 도넛인 게임을 기획하고 개발했다. 학부 기간 동안 애니메이션 제작, 게임 개발, 학술대회 논문, 부산 인디게임 전시 '빌드 051' 개최 등 게임을 뿌리로 다양한 활동을 하며 성장했다. 가장 큰 가치는 사람과 함께하는 것이라고 생각하기에, 많은 사람들과 다양한 활동을 하며 자아실현을 하고 있다. 내가 또 무엇을 할 수 있는지에 대해 알아 가고 도전하기 위해 유랑 중이다.

잡종 모범생의 성장기

안녕하세요? 저는 새내기 사회인이 되는 정유경입니다. 학부를 2023년 2월에 졸업하고 대학원에서 새로운 공부를 시작할 저에게 이렇게 집필의 기회가 생겨서 굉장히 기쁘고 영광스럽습니다. 또 이곳에서 만나게 될 새로운 선배님들과 배움의 기회가 있다고 생각하니 벌써 설레기도 합니다. 아직은 다른 공학자분들보다 경험도 적고 단편적일 수 있겠지만 앞으로 성장하는 사회인으로서 지켜봐 주시면 감사하겠습니다.

저는 대학교에서 일명 '모범생'으로 불릴 만큼 성적을 유지하기 위해 노력하였고, 다양한 경험으로 교수님과 동기들의 신임을 받았습니다. 여러 가지 일을 좋아하고, 하고 싶은 것도 많아서 '잡종'이라고 자칭할 수도 있겠다고 생각합니다.

하지만, 어른들의 조언과 지도 덕분에 제 강점을 발견하고 길을 잡아 나갈 수 있었습니다. 이에 대학 생활에서 모범생으로 뽑힐 만한 여러 경험들을 쌓을 수 있었고, 이를 통해 다양한 것을 배우고 이루어 낼 수 있었습니다.

이러한 경험과 사랑을 여러분께도 나누어 드리고 싶습니다. 아직은 짧은 전공 경험이지만, 이 과정에서 배웠던 것들과 최선을 다할 때마다 알아봐 주는 주변의 어른들을 만나 변화된 따뜻한 이야기를 통해 누군가에게 위로와 용기가 되길 바랍니다.

디자인으로 시작했어요

전문대학 동기들과 참여한 영상 공모전 시상식

저는 중·고등학교 시절, 학교 공부에 흥미가 없었습니다. 또래 친구들과 그림 그리는 것과 PC방에서 게임하는 것을 좋아했던 학생이었습니다. 수준별 이동 수업 시간에는 늘 최하위 수준에 머물렀으며, 성적도 좋은 등급을 받지 못했습니다.

공부에는 흥미가 없었지만 저를 학교에 가게 만든 것은 '그림 동아리'였습니다. 그림을 그리는 취미에 푹 빠져서 수업 시간, 점심시간 가리지 않고 동아리 친구들과 함께 그림을 그리곤 했습니다. 친구들끼리 패널에 그림을 붙여서 전시를 하기도 했고, 시에서 운영하는 대회에 나가 입선도 하며 친구들과 많은 추억을 쌓았습니다.

그러나 학년이 올라가며 입시를 준비하는 시기가 되면서 동아리 친구들과 함께하는 시간이 점점 줄어들게 되었습니다. 친구들이 가는 미술학원은 학비가 많이 들었고, 저도 '그림 동아리'를 하면서 그림에 흥미와 적성을 느끼며 싹 틔우게 된 가슴속의 작은 꿈을 가족들에게 밝힌 적이 있습니다.

그러나 재료비 구매 금액이 월 학원비 금액과 맞먹는다는 것을 본 저는 기회가 있었지만 스스로 학원을 관두었습니다. 입시 미술은 재미도 없고 가격도 비싸다고 스스로 생각해 대학을 포기할까 하는 고민을 한 적이 있었죠. 그래서 입시를 보지 않는 전문대학 디자인학과에 단 하나의 원서를 넣었고, 합격하면서 그렇게 저의 디자이너로서의 인생이 시작되었습니다.

전문대학이기 때문에 취업을 위한 다양한 디자인 기술인 영상, 시각 디자인, 애니메이션 등을 배웠습니다. 중·고등학교 시절에는 공부를 못했지만 저에게 맞는 전공을 찾으며 더 넓은 세상을 만나게 되었죠. 지금도 이 재능을 살려서 여러 가지 디자인 작업을 하며 디자인을 보는 기술이 있고, 이러한 시선으로 세상을 바라보는 게 너무나 행복합니다.

두 번째 전공과 새로운 시작

저는 운이 좋게도 두 개의 대학 모두 수석으로 졸업했습니다. 전문대학을 졸업한 후, 학창 시절에 좋아했던 게임에 대해 더 배우기 위해서 '동서대학교 게임학과'로 편입하게 되었습니다. 디자인을 전공했던

졸업 작품을 기반으로 한 '멀티뷰를 활용한 레이싱 게임 개발' 내용 태국 학술대회 발표 사진

저는 당연히 게임 아트 분야에서 활동할 것이라고 생각했고, 특히 3D 모델링에 관심을 가지게 되었습니다.

그런데 뜻밖에도 3학년 2학기 졸업 작품 제작에 제가 냈던 게임 기획이 선택되었습니다. 당시 게임에 대해서는 잘 모르지만, 콘셉트의

'신입생 적응을 위한 빅게임 개발' 여수 학술대회 발표 사진

2022 지스타 졸업 작품 '도넛공방' 전시 사진

중요성에 대해서 배웠던 것을 살려서 캐릭터가 '도넛 캐릭터 게임'을 기획했었죠. 그 결과, 1년 반 동안 제작한 졸업 작품은 '부산인디커넥트페스티벌'이라는 글로벌 게임 전시뿐만 아니라 스마일게이트에서 진행하는 '버닝비버 전시' 및 '지스타 전시' 등에도 선정되었습니다. 이를 통해 제 기획에 대한 여러 경험을 쌓을 수 있었고, 디자인을 하는 게임

2022 지스타 졸업 작품 '도넛공방' 유저 플레이 사진

기획자로의 포지션을 확실히 하게 되었습니다.

　이러한 과정을 주목해 주신 연구실 교수님의 추천으로 동서대학교 아시아미래디자인연구소에 학사학생연구원으로 활동하게 되었습니다. 연구소에서는 학생들이 학교를 돌아다니며 건물과 여러 가지 정보를 수집할 수 있는 모바일 게임을 기획 및 제작했습니다. 이 게임을 통해 신입생들이 학교의 빠른 적응과 이해를 돕고, 게임을 경험하며 소통하고 배우는 계기를 만들어 주었습니다.

　또한, 개발한 졸업 작품과 모바일 게임 모두 학술대회 논문도 준비하게 되면서 태국과 여수 등 국내외에서 발표하는 경험도 할 수 있었습니다. 게임을 통해 다양한 경험을 쌓을 수 있었고, 게임은 결국 나를 표현하고 증명하는 도구가 되었습니다. 게임을 좋아하고, 공부도 좋아하고, 많은 사람들과 소통을 좋아하는 사람임을 알게 되었죠.

현재는 부산에서 게임 개발과 인디게임 전시회를 주최하면서 게임 산업에 관심을 가지고 지속적으로 활동하고 있습니다.

나를 이끌어 준 사람들

저는 항상 주변 어른들로부터 자주 듣는 말이 있습니다.

"지금 내게 갚으려고 하지 말고, 네가 커서 지금의 너와 같은 또래를 만나게 되었을 때, 그들에게 맛있는 것도 사 주고 좋은 어른이 되어 주어라."

주변의 감사한 분들께 작은 정성의 표현으로 커피를 사려고 하거나 선물을 사면 그들은 항상 이렇게 말해 주셨습니다.

저는 일을 할 때마다 '내가 이걸 할 수 있을까?'라는 의심 속에서 벗어나지 못하곤 합니다. 그래서 늘 주변의 어른들에게 나의 일에 대해서 질문하고 이야기하며 함께해 나갑니다. 지금까지 나조차도 내가 누구인지 모를 때, 나를 나로서 만들어 주고 언제나 저의 장점을 발견해 주는 친구, 교수님, 가족이 있기에 힘을 잃지 않을 수 있었습니다.

늘 방황하는 시기를 함께해 준 사람들 덕분에 저도 후배나, 길을 나아가지 못하는 사람들에게 베풀고 싶다는 마음이 강하게 들곤 합니다. 제가 받은 이러한 감사한 마음을 또 나누어 주면서 더 큰 가치를 만들어 내고 싶기 때문입니다.

후배들에게는 학교에서는 항상 웃는 상으로, 학교 어디에나 있고,

어디에나 없는 유령 선배로 알려져 어쩌면 학교에서 좀 특이한 선배일지도 모르겠습니다. 학교의 작거나 큰 행사가 있을 때마다 와서는 이상한 이야기를 하고 재밌게 해 주고 가고, '왜 졸업도 안 하고 그렇게 있을까?'라는 생각도 들 수 있겠죠.

하지만 계속 눈에 띄면서도 저도 무언가 도와주고 싶고, 함께하고 싶은 마음이 사라지지 않습니다. 이런 마음을 가지게 된 것은 나를 사랑해 주는 어른들을 만나서 되어서 가능했고, 저도 이제 그런 어른으로 성장하고 있는 것 같습니다.

저의 인생에 있어서 가장 큰 전환점이 된 것은 행운에 가까운 감사한 어른들을 만난 것이고, 그들이 알려 준 타인을 도우는 것의 가치는 저를 단단하게 만들어 주었습니다. 이제 저는 그 힘으로 한 발짝 더 나아가고자 합니다.

다양한 경험을 향한 여정

타인에게 선의를 베푼다는 것은 특별한 일이라고 생각합니다. 우리는 받는 것이 더 편하고, 익숙한 경우가 많습니다. 엘리베이터 문을 잡아 주는 것도, 남들에게서 장점만 발견하는 것도, 말을 끊지 않고 끝까지 들어 주는 것 같은 작은 배려들도 소수만 할 수 있는 일입니다. 그러니 남을 도우는 것을 어려워하지 말고, 실수해도 괜찮다고 말해 주고 싶습니다. 실수를 바탕으로 끊임없이 노력해 나간다면, 앞으로 다가올 내일은 더 성장해 있을 테니까.

저는 앞으로도 오지랖 넓은 선배로, 사람들을 도와주는 것을 좋아하고 다양한 경험을 쌓으며 살아갈 것 같습니다. 지금까지 받은 감사한 마음에서 얻은 희망이 나를 힘들게 한 사람들보다 더 큰 가치를 지니고 있다는 것을 알기 때문입니다. 아직은 나이가 많지 않기 때문에 지금까지 좋은 경험들만을 했을 수도 있지만, 그것도 저의 인생에 큰 의미를 가지고 있다고 생각합니다. 나를 어른으로 성장시켜 주시는 많은 분들께 감사하고 과거에도 나를 사랑해 주었던 많은 분들께 감사하다는 말씀을 전하고 싶습니다.

이 집필 경험 또한 이름도 얼굴도 모르는 많은 사람들과 만나기 위한 계기라고 생각합니다. 내가 그들의 삶과 다른 삶을 살고 있다 하더라도 이렇게 살아가는 사람도 있구나, 내가 누군가에게 힘이 될 수도 있다는 생각을 잊지 않도록 노력하겠습니다. 계속해서 좋은 사람들을 만나고, 더 많은 사람들에게 힘이 되는 존재로 성장해 나아갈 것입니다.

조금씩 돌고 돌아
어느새 내 꿈에 가까워지다

한 윤 진

㈜디에이건축 / 소장

강남 팔학군, 최고 명문 경기여고 졸업, 서울시립대학교 건축
학과 학사 졸업 후 당시 규모 100명 남짓 되는 ㈜디에이건축에
2006년 공채 1기로 입사하여 현재에 이르고 있다. 2015년에 회
사 명함이 아니면 나를 증명해 줄 것이 없다는 생각에 건축사 자
격증을 취득하였고, 같은 해 서울주택도시공사의 프로젝트 수행
의 성과로 서울주택도시공사 사장 건축설계 분야 표창을 받았다.
여직원은 많지만 여자 선배는 드물었던 회사에서 한참 워킹맘으
로 지독한 야근과 업무에 치여 힘든 시절에 만난 인생 멘토에 이
끌려 함께 사내 와인동호회 '사이드웨이'를 만들어 5년째 운영 중
이다. 여행과 사람과 와인을 좋아하는 마흔둘, 착하디착한 남편
과 사춘기에 접어든 두 아들을 둔 워킹맘이다.

여행을 좋아해서

부모님과 함께 어려서는 전국 방방곡곡의 여행을 많이 다녔다. 커서 내가 부모가 되어 보니 그렇게 때마다 철마다 제철음식과 자연이나 문화유산 등을 찾아다니는 가족 여행이 생각보다 쉽지 않은 일이었음을 알았다. 어른이 되면 백 일간의 세계 일주를 가면 어떨까 하는 희망을 품으며 여행을 많이 다닐 것만 같은 건축과 진학을 꿈꾸기 시작했다. 대학 진학 후에는 여행 다니는 것이 상당히 많은 아르바이트를 요하는 일임을 알았고, 취업을 한 후에는 장기간의 휴가를 얻기 위한 지대한 노력과 보너스가 필요하다는 사실을 깨달았지만 여전히 세계 일주에 대한 꿈을 꾸고 있다.

인생 최초 70일간의 유럽 일주 기회가 찾아온 건 2002년 1월. 핀란드에서 유학 중인 사촌 언니가 부모님을 설득하여 만 스물에 긴장과 설렘을 품고 난생처음 유럽행 비행기에 올랐다. 지금 생각해 보면 왜 100일을 채우지 않았을까 싶지만 당시 혼자 배낭여행을 가는 친구들의 평균 기간이 한 달여였던 것을 감안하면 나름 두 달의 시간이 아쉬워 열흘이나 더 붙여서 '70박'이라는 숫자를 만든 것은 제법 큰 결심이었다.

건축과 학생답게 유명 건축물들, 거장의 작품들 중 보고 싶은 것들, 좋아하는 영화 속 장소들…. 코스를 짜다 보니 70일은 턱없이 부족한 날짜였고 우선순위를 정해서 엄선한 국가와 도시, 장소를 선택했다. 핀란드 헬싱키, 오스트리아의 잘츠부르크, 이탈리아의 로마와 베네치아, 프랑스 파리, 스페인의 바르셀로나, 영국의 런던이었다. 너무 많은데 꼭 가야 했다.

첫 여행지가 사촌 언니가 있는 핀란드여야 한다는 부모님의 조건에 따라 시작은 핀란드 헬싱키였고, 1월의 핀란드는 혹독하게도 추웠던 기억이 난다. 마침 2학년 2학기 전공수업에서 거장 건축가의 대표작들을 배웠고 그중에 인상적이었던 핀란드 민족건축가 알바알토의 빌라마이레아, 핀란디아홀 등을 눈을 헤치고 찾아갔던 기억은 오래도록 잔상으로 남아 있다.

나의 최초의 유럽 여행은 혼자 다녔기에 심심하고 외로운 부분들도 많았지만 그 덕분에 많은 사람들과 다양한 경험을 할 수 있었다. 지금 생각하면 참 겁이 없었다. 로마에서 그리스로 떠나는 팀을 따라 예정에 없던 아테네를 다녀오기도 했는데 아테네 시내에서 올려다보이는 파르테논 신전의 웅장함을 잊을 수가 없다.

그 이후로도 몇 번 더 갔지만 20년이 지나도 생생했던 최초의 유럽 여행은 내 인생에 가장 인상적인 사건이었다. 르꼬르뷔지에의 작품을 실물로 보는 것도 감동이었고 아직도 공사 중인 대단한 규모의 사그라다 피밀리아 대성당의 웅장함도 잊히지 않는 순간이었다. 소설과 영화로 봤던 〈냉정과 열정 사이〉의 배경이 되었던 피렌체 두오모에 올라 붉은 지붕의 피렌체 시내를 내려다보며 맡았던 살짝 비린 가죽 냄새가 기억난다.

아직 건축학을 공부하기 시작한 지 2년 남짓의 초보 학생이었지만 그때의 나는 생각했다. 건축이란 거장의 작품일 수도, 오랫동안 고전으로 남은 그 도시의 랜드마크인 성이나 성당을 말할 수도 있지만, 그 랜드마크를 중심으로 오랫동안 도시를 형성해 온 모든 집들과 시장,

골목들이 인간과 조화를 이루는 것이 건축의 본질이 아닐까 하는. 이제는 어른이 되어 로마를, 파리를, 바르셀로나를 다시 간다면 그때 보았던 감동들을 볼 수 있을까. 그때는 몰랐던 다른 감동을 볼 수 있을까.

마지막 유럽 여행이었던 포르투갈에서

한옥의 향기

지금은 바쁘다는 핑계로, 스마트폰으로 봐야 할 영상들이 넘쳐난다는 핑계로 멀리하고 있는 책인데 한때 빠져서 찾아본 책이 있다. 목수

신영훈 선생님의 『한옥의 향기』. 왜 전통 건축이라고 하지 않고 한옥이라고 했는가에서 시작한 궁금증으로 시작해서 2007년 저자 직강을 들을 수 있다는 안국동의 '한옥문화원'을 찾아갔더랬다.

마침 한옥 전문인과정 7기 모집 기간이어서 운 좋게 합류할 수 있었다. 수강생은 다양했는데 건축과 학생부터 설계하는 사람들뿐만 아니라 사진작가, 조명디자이너, 은퇴한 공무원, 현직 고등학교 윤리 교사 등등 주변의 건축전공자들이 아닌 직종의 사람들을 만날 수 있었다. 2년여 간 평일 저녁엔 수업을 듣고 주말엔 대부분 수업에서 배운 곳 중에 인상적인 곳을 선정하여 답사를 다녔다.

수학여행으로나 찾았던 경주 불국사에 있다는 경이로운 돌을 찾기 위해 금요일 저녁 9시에 우리는 모여서 경주로 달려갔다. 밤새 달려 새벽녘 불국사 앞 어느 여인숙에서 눈을 붙이고 9시가 되자마자 입장하여 청운교와 백운교를 찾았다. 선생님이 말씀하신 그 돌이 저 돌이네. 나무를 돌 위에 얹기 위해 만든 그레자를 갖고 나무 밑동을 돌 표면에 맞게 깎아 낸다는 사실을 처음 알았을 때에도 신기했던 기법을 그 옛날 신라 사람들은 돌과 돌을 깎아 서로 맞물리게 만들어서 석축을 쌓았다. 그 석축이 천년을 견디고 있구나.

소위 라떼는 수학여행으로 갔을 때엔 백운교와 청운교, 다보탑과 석가탑 이름 외우기에 급급하여 불국사가 다소 지루했었는데, 교과서에 나오지 않는 이야기들이 가득한 경주는 신라 시대 선조들의 지혜가 경이로웠고 아직도 그 해법을 찾지 못했다는 황룡사 9층 목탑의 이야기에서는 그들의 건축기법이 황홀함을 넘어서기까지 했다.

비가 장대처럼 쏟아지는 날에는 집에 있어야 하는데 7기들에 이끌려

종묘를 찾곤 했다. 우산을 툭툭 때리는 빗소리와 함께 우산 아래로 보이는 정전의 서까래에서 떨어지는 빗줄기를 보고 있노라면 장엄하다 못해 건축물에 압도당하는 느낌을 받았다. 표현력이 서툰 공대생의 가장 간결한 표현이다. 누군가 한국의 파르테논 신전이라 하였는데 파르테논 신전의 위풍당당한 모습에 인간의 스케일을 느끼며 받았던 감동과는 또 다른 압도되는 웅장함을 느낄 수 있다.

눈이 쌓인 창덕궁의 최초 방문자로 사진 찍기, 눈이 더 많이 쌓인 설악산 한계령의 한계사터에 있는 삼층석탑이 눈 쌓인 설악을 배경으로 눈 속에 묻힌 사진을 찍겠노라며 밤새 달려가기, 아직 유네스코로 지정되기 전의 하회마을에서 병산서원으로 가는 옛길을 찾겠다고 무작정 산길을 헤매 보기도 하며 열정 가득한 20대 후반을 보냈다.

주말마다, 휴가 때마다 서울에 지방에 각종 문화유산들, 혹은 그 터에 흐트러진 돌들의 흔적을 찾아다니며 건축과 직장인의 접점을 찾기

사춘기 아들들과 다시 찾은 불국사 석축

어려웠던 어린 시절의 마음을 다잡으며 천년의 세월을 견딘 석축만큼은 아니더라도 견디어 내는 방법을 터득해 나갔다.

대한민국에서 건축하는 워킹맘

2014년 둘째의 두 번째 육아휴직 중에 깨달은 바는 이렇게 야근이 잦은 우리 회사에서 둘째를 낳고 회사생 활을 하는 여자 직원은 없다는 것이었다. 아, 다시 회사를 다닐 수 없을지도 모르는데 자격증이라도 있어야 생계가 되겠구나 생각을 하며 회사 생활 9년 만에 자격증을 취득하였다.

2015년도에 건축사 자격증을 취득하였지만 사실 우리 회사같이 큰 규모의 설계사무소는 건축사라고 해서 하는 업무가 달라지거나 하진 않는다. 다만 명함에 새긴 '건축사'라는 타이틀이 직급보다도 대화가 더 잘되는 경우가 있다는 것을 깨달았기에 항상 직급 옆에는 '건축사'를 새긴다.

그해에는 처음 PM을 맡아 서울주택도시공사 일을 한참 하고 있었다. 다음 해까지 지루하게 연속되어 하던 일을 마무리할 때쯤 연말에 담당자의 연락을 받았는데, 서울주택도시공사 사장이 수여하는 설계 분야 표창장 대상이라며 수여식에 참여해 달라는 내용이었다. 당시 여러 설계사가 같이 일을 하고 있었지만 통일되지 않은 일을 맞추기 위해 본의 아니게 앞장서서 진행을 도맡아 했던 것을 공사 담당자가 높이 사서 추천을 해 주셨던 것 같다.

당시의 우리 팀은 갓 실장, 갓 팀장, 갓 대리, 신입사원으로 이루어진 초짜들이었는데 지금 생각하면 팀워크가 나쁘지 않았던 것 같다. 내가 하는 여러 가지 요구들이나 업무 진행 방법에 상당히 호의적이고 적극적으로 따라와 준 팀원들에게 항상 감사했다. 사실 외부에 나가서 그렇게 나서서 일을 도맡아 할 수 있었던 것도 팀원들이 "우리가 먼저 나서서 우리 스타일대로 일을 하고 다른 회사들이 우리를 따라오도록 만들자."는 생각에 동의하고 따라 주었기에 가능할 수 있었다.

이렇게 오랫동안 일을 할 수 있었던 가장 큰 원동력은 나의 가족들이다. 딸의 바쁜 회사 생활을 지지해 주기 위하여 손주들을 지금껏 키워 주신 부모님이 아니었다면 아이 둘을 키우며 잦은 야근을 해야 하는 건축설계 일을 지금까지 할 수 없었을 것이다. 아이들은 생각보다 자주 아팠고 엄마가 항상 필요했지만 항상 있어 주지 못해 미안한 마음이 할머니와 할아버지가 계셨기에 그나마 큰 위안이 되었다.

큰아이가 아직 말을 하지 못했을 때 부모님이 해외여행을 가게 되었는데 회사를 쉴 수가 없어서 지방 친할머께 열흘간 보낸 적이 있었는데, 열흘 만에 만난 아이가 엄마 아빠를 보고는 그저 웃으며 반가워했는데 외할머니 외할아버지를 보더니 오열을 했던 적이 있다. 아이에게 주 양육자는 내가 아닌 우리 부모님이었고 살짝 섭섭하기는 했지만 당연하고도 사실 감사한 일이었다.

지금도 회사에 육아를 병행하며 다니는 직원들이 많지 않은데, 살아남은 사람들은 대부분 나처럼 부모님이 아이를 봐주시는 경우고 그렇지 못한 경우에 버티다 그만둔 동료들이 더 많다. 그들이 그만두는 것

나의 사랑하는 부모님과 아이들

이 너무도 속상하고 아까웠으나 야근을 너무도 많이 하고 있었으므로 현실적으로 버틸 수가 없다고 했다.

　건축과 4~5년, 더러 대학원 2년, 설계사무소 5~10년을 버텨 낸 건축 베테랑들이 유아기의 아이들을 양육하기 위해 일을 그만두는 것이 사회적으로나 회사에서는 너무도 마이너스라는 생각이지만 개인이 줄 수 있는 도움은 그저 이야기를 들어 주는 것뿐이었다. 항상 임신한 후배들에게 하는 말은 공부한 거, 일 배우면서 터득한 거 아까워서라도 사춘기에 접어들 아이에게 엄마의 일은 이런 거라고 이야기해 줄 수 있을 때까지는 살아남자고 한다.

사실 그만두고 개인 사업을 하는 친구들도 꽤 있고 제법 잘나간다는 사실에 자극을 받기도 하는데, 누군가는 대형 설계사무소에서 살아남아 많은 여후배들에게 귀감이 되는 선배도 더러는 있어야 한다며 한 회사에 오래도록 버텨온 나를 10년 차 때도 말리고 15년 차에도 말리고 지금도 말리고 있다. 글쎄 버티기만 한다고 귀감이 될지는 모르겠지만 남아 있는 동안에는 열심히 입과 귀가 되어 할 수 있는 최선을 다해 보고자 한다.

회사에서의 여러 고민들이 생길 때마다 찾아가는 멘토가 있다. 내 인생에 술과 고기를 가장 많이 사 주시는 분인데 기로에 있을 때마다 항상 조언을 아끼지 않고 같이 고민을 하며 벌써 8년째 나이와 직급에 관계없이 회사에서 가장 믿고 따르는 분이다. 같이 와인잔을 기울이다가 사내동아리로 와인동호회를 해야겠다 하시더니 정말로 만들었고 벌써 5년 차에 접어들었다. 회원들끼리 하는 우스갯소리로 회사 일이 힘든데 동호회 때문에 회사를 못 그만둔다고.

600명이 넘는 회사에서 다양한 팀의 다양한 직급들이 매달 모여 와인에 대한 이야기도 하고 서로의 이야기도 하며 위안을 받고 돌아간다. 업무 특성상 잦은 야근과 잦은 마감이 있어 더러 심신이 지칠 때가 많은데, 와인 한 잔이 주는 위로의 맛을 아는 동료들이 있다는 것이 생각보다 큰 힘이 된다. 건축은 혼자서 할 수 없는 일이고 팀워크가 중요한 일이기에 서로 소통하는 것만큼 중요한 것이 없다. 이렇게라도 회사에 하나의 소통하는 문화의 장을 만들어 기여할 수 있다는 것이 감사한 일이다.

　다른 사람들에게 글을 써서 보여 줄 만큼의 성공한 인생이라고 하기 어려운 나의 이야기를 글로 써내는 이번 일은 그 어떤 프로젝트보다도 어려운 작업이었다. 그러나 일과 가정이 바쁘다는 핑계로 잊고 지냈던 나의 스무 살의 꿈과 지나온 인생을 되돌아보고 앞으로의 꿈과 목표를 다시 한번 점검해 보며 한 걸음 더 나아가는 계기가 될 것 같다.

미디어에서 찾은 와인의 향기